Sebastian Berger
Geniale Kindsköpfe

SEBASTIAN BERGER

Geniale Kindsköpfe

Wie Babys die Welt erforschen
und was wir von ihnen lernen können

Kösel

Verlagsgruppe Random House FSC® N001967

Copyright © 2019 Kösel-Verlag, München,
in der Verlagsgruppe Random House GmbH,
Neumarkter Str. 28, 81673 München
Umschlag: Weiss Werkstatt, München
Umschlagmotiv: © plainpicture/Angela Franke
Redaktion: Birthe Vogelmann
Satz: Uhl + Massopust, Aalen
Druck und Bindung: GGP Media GmbH, Pößneck
Printed in Germany
ISBN 978-3-466-31111-8
www.koesel.de

 Dieses Buch ist auch als E-Book erhältlich.

Inhalt

5

Vorwort

In jedem Jahr starten 150 Millionen Forschungsreisen in die Welt, nahezu unbemerkt von der breiten Öffentlichkeit. Auf jeder dieser Expeditionen werden fundamentale Fragen zum Universum beantwortet: Wie funktionieren die elementaren physikalischen Gesetze? Was sind die Grundlagen der Logik und der Mathematik? Wie gelingt das soziale Miteinander der Menschen? Wie fühlt es sich an: das Leben? Die Forscher sitzen dabei nicht in den Universitäten und Laboren der Welt. Es sind unsere Babys und kleinen Kinder. Wissenschaftliche Neugier entwickelt sich nämlich nicht erst bei Studierenden im Laufe der Semester. Der Wunsch danach, den Dingen auf den Grund zu gehen und alles verstehen zu wollen, prägt uns vielmehr seit frühester Kindheit, ab dem allerersten Tag.

Dieser unglaublich früh einsetzende Erkenntnisdrang wurde mir mit der Geburt meines ersten Sohnes erst richtig bewusst. Infolgedessen begann ich mich mit all den damit zusammenhängenden Fragen zu beschäftigen: Wie genau lernen Babys eigentlich die Welt verstehen? Wie experimentieren sie? Wie ich herausfand, sind Babys schon ab der Geburt alles andere als der »perfekte Idiot«, wie sie etwas unfein von Jean-Jacques Rousseau bezeichnet wurden. Sie sind tatsächlich eher dem Wissenschaftler ähnlich und erforschen die Welt mithilfe komplexer statistischer und experimenteller Methoden. In dieser Hinsicht könnten wir Erwachsenen uns oftmals ein Beispiel an ihnen nehmen.

Joshua Tenenbaum, der am Massachusetts Institute of Technology in der Computational Cognitive Science Group forscht, ordnet seiner Arbeit eine Fragestellung über: »Wie lernen Babys und kleine Kinder so schnell durch so wenig Daten?« Denn die Entwicklungsforscher untersuchen die Verhaltensweisen unserer kleinsten Mitmenschen auch aus einem bestimmten Grund: Sie können Robotern das Denken beibringen. Das Lernen von Babys gilt als Blaupause für die Weiterentwicklung von Maschinen. Diese gelten erst als intelligent, wenn sie die Lernleistung eines Babys bewältigen.

Bei meinen Recherchen leiteten mich Fragen, die mir immer bewusster wurden, je mehr ich mich mit meinem eigenen Sprössling beschäftigte: Wie ist es, ein Kind zu sein? Was geht im Kopf eines Babys vor, wenn es die Welt entdeckt? Was navigiert den Wissensdrang der kleinen Forscher? Mit welchem Vorwissen kommen wir auf die Welt?

Ich selbst bewege mich heute scheinbar mühelos durch den Alltag und radle gedankenverloren durch die Stadt. Ich weiß, dass mich der Stein des Bürgersteiges dabei trägt, das Wasser des Sees jedoch nicht. Ich vertraue darauf, dass alle Verkehrsteilnehmer die rechte Straßenseite benutzen und fahre daher mit dem Fahrrad ebenfalls rechts. Setzt ein Auto vor der Kreuzung den Blinker nach rechts, werde ich etwas skeptisch und frage mich: Wird der Fahrer wohl an den Schulterblick denken, oder soll ich lieber anhalten?

Es braucht also offensichtlich schon sehr viel Wissen, um einfach nur morgens von zu Hause ins Büro zu kommen. Ich wende dabei Theorien der Physik (auf Asphalt kann man Fahrrad fahren) und der Psychologie (der Autofahrer schaut bestimmt nicht über die Schulter, ich fahre lieber vorsichtig in die Kreuzung hinein) an und ich weiß, dass mein Zuhause noch existiert, wenn ich auch gerade selbst nicht dort bin. Wie habe ich das eigentlich gelernt? Wann werden meine Kinder all das lernen? Wie ist es, all dieses Wissen erst zu erwerben? Gibt es einen Weg für mich als Erwachsenen, das irgendwie nachzuvollziehen? Diese Fragen ließen mich nicht mehr los.

In fast jedem Haushalt mit Kindern gibt es eine Fülle an praktischen Ratgebern, die zu jeder Elternfrage eine Antwort parat haben. Dieses Buch ist dagegen vor allem eines: unpraktisch. An keiner Stelle wird es einen konkreten Tipp geben wie: Tun Sie dies, tun Sie das! Ein guter Vater ist man so, eine gute Mutter macht dieses oder jenes. Für mich als Wissenschaftler ist »unpraktisch« kein negatives Wort. Ganz im Gegenteil. Ich will Wissen erwerben und anderen zugänglich machen, einfach um des Wissens willen – auch ohne konkrete Tipps. Und ich denke, so geht es vielen anderen Eltern auch.

Die wohl wichtigste Erkenntnis meiner Nachforschungen zu diesem Buch war die folgende: Wir sind uns ähnlich, meine Kinder und ich. Wir beide erforschen die Welt mit Neugier, wir entwickeln Theorien und überprüfen diese in manchmal sehr einfachen, häufig aber auch komplexen Experimenten. Das kindliche Gehirn speichert jede Beobachtung ab. Minutiös führt es innerlich Buch über Erfahrung um Erfahrung – so, wie ein Wissenschaftler sein Labortagebuch führt. Wie fühlt sich der Baustein an? Wie schmeckt er? Wie hört es sich an, wenn ich ihn auf den Boden werfe? Warum ist »Au-to« ein Wort, »To-au« aber eher nicht?

Während ich meinem ersten Sohn dabei zusah, wie er sich seine Welt erschloss, erfuhr ich gleichzeitig in meinen Recherchen, wie genau das Lernen bei ihm, und damit der Menschheit, eigentlich funktioniert. Es ergaben sich immer faszinierende Details und Zusammenhänge. In diesem Buch möchte ich Sie daran teilhaben lassen und in die spannende Welt der Entwicklungsforschung entführen, die die unglaublichsten Experimente auf die Beine stellt, um die Erfahrungen der ganz Kleinen nachzuvollziehen. Eines ihrer Ergebnisse ist: In ihrem ersten Lebensjahr führen Babys bereits Experimente durch, die sich vor denen von Galileo Galilei, Isaac Newton oder Sigmund Freud nicht verstecken müssen. Sie lernen sich selbst und die Welt, in der sie leben, mit atemberaubender Geschwindigkeit und Präzision kennen. Innerhalb weniger Monate können sie aus akustischen Signalen die Wünsche und Vorlieben anderer Menschen herauslesen. Sie sind im Stande, akustische und visuelle Signale auszusenden, die von anderen verstanden werden. Aus einem Meer an Information interpretieren Kleinkinder innerhalb kürzester Zeit Dinge wie »Mama ist glücklich«, »Papa hat Hunger« oder »Oma ist müde«. Bereits Momente nach der Geburt, wenn zum ersten Mal Licht ins Auge eines Babys fällt und es die Eltern betrachtet, stellt es seine erste wissenschaftliche Hypothese auf: »Ich bin wie du. Wir gehören zusammen.« Darauf aufbauend folgt ein wahrer Lernmarathon.

Diejenigen, die mit Forschern oder kleinen Kindern zusammenleben, können ein Lied davon singen, dass ihr manchmal zielloses Anhäufen von Wissen das Leben ihrer Mitmenschen nicht unbedingt einfacher macht. So wünscht sich meine Frau beispielsweise, während ich diese Zeilen schreibe, dass ich mich stattdessen endlich bei diversen Kindergärten informiere, wie wir dort einen Platz ergattern können. Ich teile dieses Bedürfnis, aber wichtiger sind mir zunächst andere Fragen: Wenn irgendwann die Menschheit als Spezies aus einem Ur-Exemplar entstanden ist, müssten ja theoretisch alle Menschen auf dieses eine Exemplar zurückgehen? Ob Anthropologen wohl bereits wissen, wer unsere ältesten Verwandten sind? Welcher Ururur(…)großvater oder welche Ururur(…) großmutter ist eigentlich unser/e aller Verwandte/r? Wo hat diese Person gelebt und wie hat sie wohl einen durchschnittlichen Tag verbracht? Ein Abend intensiver Recherche, der zwar ohne Kindergartenplatz, aber dafür mit der Erkenntnis endet, dass es eine mitochondriale Eva[1] gibt, also eine Urmutter, von der wir *alle* abstammen und über deren Lebensumstände wir sogar sehr viel wissen, lässt mich zufrieden einschlafen.

Wissenschaftler wie Kinder prägt die Neugier, etwas wissen zu wollen, obwohl wir noch nicht abschätzen können, wozu es einmal gut sein könnte. Oft ist es so, dass später doch noch etwas »Sinnvolles« dabei herauskommt, völlig unerwartet. In dem AMES Research Center der NASA in Kalifornien steht eine Sammlung nützlicher Gegenstände, die aus der NASA-Forschung resultieren, ohne dass man dies je erwartet hätte. Es ist ein Kuriositätenkabinett, das vom Infrarotfieberthermometer über den Rauchmelder bis zur olympischen Badehose reicht. Ebenso wenig wie die Grundlagenforschung der Wissenschaftler scheint das tägliche Spiel kleiner Kinder für Außenstehende zielgerichtet zu sein. Deshalb kommt uns die kindliche Reaktion auf eine Spielunterbrechung auch oft sehr übertrieben vor. Irgendwo las ich einmal die verzweifelt-komödiantische Aussage einer jungen Mutter: »Bevor ich Kinder hatte, wusste ich nicht, dass man den Tag eines Menschen scheinbar völlig ruinieren kann, weil man diesen bittet, eine Hose anzuziehen.« Was wir als Eltern nicht wissen, ist, welches bahnbrechende Experiment wir mit dieser profanen Bitte vielleicht soeben unterbrachen.

Aus meinem gesammelten, zunächst »unpraktischen« Wissen erwuchs mir dann letztlich doch eine sehr praktische Einsicht: Ich kann als Vater getrost gelassener sein und auf den beständigen Erkenntnisfortschritt meiner Kinder vertrauen. Wir sind als Spezies schon sehr weit gekommen, und der Staffelstab wird nun einfach weitergereicht. Unser Nachwuchs steht auf den genetischen und kulturellen Schultern der gesamten Menschheit. Sie sind dafür gemacht, die Welt zu erforschen und zu verstehen, aus ureigenem Antrieb. Ich muss mir also keine Sorgen darum machen. Meine Aufgabe ist es nicht, mein Kind zu formen wie ein Zimmermann ein Stück Holz formt. Die Entwicklungspsychologin Alison Gopnik definierte nach ihrer jahrzehntelangen Forschungskarriere die Rolle der Eltern neu: Wir sollten uns als Gärtner sehen, die das Pflänzchen vor allem am Leben halten müssten, es gedeihe dann von ganz alleine.[2] Und in der Tat: Wenn man die Entwicklung von Babys als Forschungsreise eines selbstmotivierten, autonomen Lebewesens ansieht, erhält man einen ganz neuen Blick auf sie. (Fast) alles, was ein Baby tut, dient dem Erlernen der Welt oder der Tatsache, dass es auch morgen noch lernen will und daher essen und schlafen muss.

Meine Söhne als kleine Wissenschaftler zu sehen, spendet also gleichzeitig Trost und Gelassenheit: Wenn das Mittagessen in gefühlter Endlosschleife auf den Boden geworfen wird, denke ich nicht mehr an den Wischmob, den ich nach jedem Essen nutzen muss. Ich denke an Isaac Newton, der durch seine Experimente der Schwerkraft auf die Spur gekommen ist. Ich stelle mir vor, wie auch mein Kind einen Aha-Moment haben wird, wenn es durch sein Tun die Gesetze der Schwerkraft verstanden und seine eigene »Gravitationstheorie« formuliert haben wird: »Egal, wie oft ich das Essen auf den Boden werfe, es wird immer auf den Fliesen landen. Es wird niemals in die Luft fliegen. Kein Gegenstand wird jemals in die Luft schweben – Brokkoli nicht, Blumenkohl nicht, Nudeln nicht, nicht mal das Käsebrot. Alles fällt auf den Boden.« Dies wird dann der letzte Tag des Experiments sein, und der Wischmob kann im Schrank bleiben.

Wenn ich morgens um fünf von einem strahlenden Kind geweckt werde, das zum ersten Mal auf zwei wackligen Beinen vor mir steht, dann denke ich nicht an die Müdigkeit, sondern mir kommen die ersten Schritte Buzz Aldrins auf dem Mond in den Sinn: *Vielleicht ein kleiner Schritt für die Menschheit, aber ein großer Schritt für mich.*[3] Wenn die Murmeln der Kugelbahn seit gefühlten Stunden auf den Parkettboden knallen und den Nachbarn vermutlich den letzten Nerv rauben, sinniere ich darüber, wie Galileo Galilei wohl auf die Idee kam, Fallgesetze und die Trägheit physikalischer Körper mit ebensolchen Kugelbahnen in »Zeitlupe« zu erforschen. Langsam begreife ich die Natur meines Sohnes und was meine Aufgabe als Vater ist: Er ist kein unfertiger, präkognitiver (d.h. noch nicht denkender) Mensch, wie noch der Gründer der Entwicklungspsychologie, Jean Piaget, kleine Kinder beschrieb. Er ist ein Forscher auf Expeditionsreise und ich bin sein Assistent.

Ich wünsche Ihnen, liebe Leserinnen und Leser, viel Freude bei der Entdeckungsreise in den Geist der kleinsten Menschen, unserer Kinder. Ich hoffe, dass sie nach der Lektüre mehr wissen als im Moment. Neben vielerlei wissenschaftlicher Erkenntnis soll das Buch auch ein Werben für das scheinbar ziellose Forschen sein und für diejenigen, die es täglich tun: geniale Kindsköpfe in Windeln – und in Laborkitteln.

Teil 1
Das Baby als Wissenschaftler

Der Naturforscher Alexander von Humboldt war dafür bekannt, seinen Wissensdurst aus einem ganz besonderen Gefühl heraus zu stillen: Er empfand eine tiefe emotionale Bindung zu seinem Forschungsgegenstand, der Natur. Aus diesem Grund waren Wissenschaft und Künste, Analyse und Erlebnis, Lernen und Fühlen für ihn auch keine Gegensätze, sondern zwei Seiten ein und derselben Medaille. Alexander von Humboldt hatte ein tiefes, emotionales Bedürfnis nach neuen Erkenntnissen. Der Anblick des Chimborazo in Ecuador, den man damals noch für den höchsten Berg der Welt hielt, bewegte Humboldt so stark, dass er nicht aufhören konnte, diesen zu erforschen. Ich glaube, dass es ein ähnliches Bedürfnis gibt, wenn man selbst die aufregende Reise der Elternschaft antritt. Aus diesem Gefühl heraus entstehen ein Wissensdurst und eine Neugier, die ich selbst sehr deutlich spüre, als Wissenschaftler und als Vater. Wir beginnen unsere ganz konkrete Forschungsreise in den Geist der kleinsten Menschen, unserer Babys, mit einem Blick in unsere gemeinsame Vergangenheit – die der ganzen Menschheit.

Ein kurzer Rückblick auf unsere Stammesgeschichte

»Ich denke.« Diese Worte finden sich im Notizblock eines zum damaligen Zeitpunkt noch recht unbekannten Forschers. Die rudimentäre Zeichnung darunter zeigt den Baum des Lebens, der Autor ist Charles Darwin. Heute wird davon ausgegangen, dass diese Zeichnung (Abbildung 1) die erste Verschriftlichung seiner Evolutionstheorie ist. Die zentrale Frage von Darwins Forschung war die nach der Entstehung der Arten. Woher kommt der Mensch? Wie wurden wir, wer wir heute sind?

Die Entwicklung eines bestimmten Menschen vom Baby zum Greis – seine *Ontogenese* – lässt sich eigentlich nur vor dem Hintergrund der Entwicklung der ganzen Menschheit – der *Phylogenese* – verstehen. Eine ganz kurze Geschichte unserer Spezies hilft also, uns als Menschen einzuordnen um die Entwicklung eines heutigen Babys nachvollziehen zu können. Der Historiker Yuval Noah Harari beschreibt eine der vielen Implikationen von Darwins Theorie eindrucksvoll in seinem Buch *Eine kurze Geschichte der Menschheit*: »Vor gerade einmal sechs Millionen Jahren brachte eine Mutter zwei Töchter zur Welt: Eine der beiden wurde die Urahnin aller Schimpansen, die andere ist unsere eigene Ur-Ur-Ur-Großmutter.«[4] Die beiden Geschwister spielten vermutlich miteinander, aßen gemeinsam und schliefen zusammen bei ihrer Mutter, so wie viele Geschwister – ob Mensch oder Schimpanse – es heute noch tun. Die beiden Linien lebten etwa 3,5 Millionen Jahre

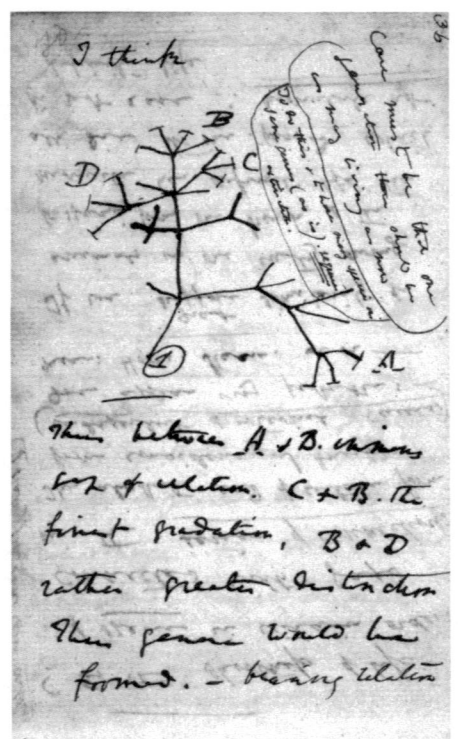

Abbildung 1:
Auf diesem Blatt Papier
in Charles Darwins
Notizblock könnte seine
Evolutionstheorie der
natürlichen Selektion den
Anfang genommen haben.
Zu sehen ist das Original
im American Museum
of Natural History in
Manhattan[5]

lang, bevor die ersten Vertreter der Gattung Mensch, *Homo*, den Planeten vor etwa 2,5 Millionen Jahren betraten. Die Gattung *Homo* entwickelte sich aus dem *Australopithecus* (südlicher Affe). Dieser archaische Vertreter hatte sich bereits auf eine Reise nach Nordafrika, Europa und Asien gemacht. Wir – der *Homo sapiens* – sind eine von vielen menschlichen Arten, die einst auf der Erde heimisch waren. Wir sind es heute gewohnt, dass wir die einzigen Menschen auf dem Planeten Erde sind. Dies war jedoch nur in den letzten 10 000 Jahren der Fall. Wir teilten uns einmal die Erde mit vielen anderen Vertretern der Gattung *Homo*, der bekannteste verstorbene

Verwandte ist der *Neandertaler,* der vor etwa 30 000 Jahren ausstarb. Weitere bekannte Menschenarten waren der *Homo erectus,* der etwa zwei Millionen Jahre existierte und damit der am längsten existierende Mensch war. Diese weiteren Menschenarten bildeten sich unabhängig vom *Homo sapiens* (der »weise Mensch«) aus, eben, weil *Australopithecus* irgendwann losmarschiert war. Wir (*Homo sapiens*) machten uns vor etwa 70 000 Jahren auf, Ostafrika zu verlassen und trafen später auf unsere Schwestern und Brüder, die sich an anderen Orten der Welt entwickelt hatten. Binnen weniger zehntausender Jahre verbreiteten wir uns auf dem ganzen Planeten, im Jahre 1969 unserer Zeitrechnung betraten wir erstmals den Mond. Keine andere Menschenart überlebte bis heute.

Uns Menschen zeichnet aus, dass wir rapide lernen und verstehen können. Dem Argument, dass Babys wie Wissenschaftler lernen, liegt die Tatsache zugrunde, dass wir evolutionär dazu geprägt worden sind. Es ist interessant zu erforschen, wie die kognitiven Leistungen des modernen Menschen sich entwickelten. Eine mögliche Ursache ist das Hirnwachstum. Menschen haben in der Tat relativ große Gehirne, aber das ist ja per se kein Garant für evolutionären Erfolg. Und Forschungsarbeiten zeigen auch, dass das menschliche Gehirn schon recht lange recht groß war, bevor die rapide kognitive Entwicklung einsetzte. Mitglieder der Gattung *Homo* (alle Menschenarten) verfügen seit Millionen Jahren über eine große relative Hirnmasse, im Verhältnis zur Körpermasse. Das Gehirn des *Neandertalers* war sogar (relativ) größer als das vom *Homo Sapiens.* Trotzdem lebte der Mensch über lange Zeit in der Mitte der Nahrungskette. Er sammelte und jagte ein wenig, musste aber aufpassen, nicht selbst gejagt zu werden. Irgendwann änderte sich das, und er gelangte binnen kürzester Zeit an die Spitze der Nahrungskette. Heute laufen wir generell nicht mehr Gefahr, aufgefressen zu werden. Wenn es in seltenen Fällen doch passiert, beherrscht dies tagelang die Nachrichten, zum Beispiel bei Haiattacken. Die schiere Größe des Gehirns kann für unseren Aufstieg an die Spitze der Nahrungskette nicht den Ausschlag gegeben haben, denn der Aufstieg des Menschen erfolgte mit sehr großer Verzögerung auf die Entwicklung eines großen Gehirns. Was spielte sich also ab, und wann geschah das?

Vor etwa 70000 bis 30000 Jahren passierte einiges, was die Forscherwelt als Hinweis darauf akzeptiert, dass sich bestimmte Fähigkeiten des Menschen rapide entwickelt haben müssen: Zum ersten Mal bauten die Menschen Boote, nutzten Lampen und erfanden Nähnadeln.[6] Ebenso tauchten zum ersten Mal Kunstgegenstände auf, welche darauf hinweisen, dass es komplexere religiöse oder andere kulturelle Rituale gab. Menschen zu dieser Zeit beherrschten eine komplexe Sprache mit linguistischen Eigenschaften, die auch heutige Sprachen noch haben. Wir – die Menschen des 21. Jahrhunderts – hätten uns mit diesen vorzeitlichen Menschen problemlos unterhalten können, nachdem wir deren Sprache gelernt hätten. Wir hätten uns gegenseitig Geschichten erzählt und unseren Vorfahren unser Verständnis der Welt erklären können.

Es ist dabei nicht völlig klar, warum sich diese Fähigkeiten beim *Homo sapiens* zu dieser Zeit so rapide entwickelten. Es könnten zufällig bedingte genetische Mutationen gewesen sein, die verschiedene Schaltkreise im Gehirn änderten. Vermutlich war es ebenso ein reiner Zufall, dass diese Mutationen beim *Homo sapiens* auftraten und nicht beim *Neandertaler* oder beim *Homo erectus*.[7] Kurz gesagt: Wir haben nichts dafür getan, aber diese Entwicklung scheint uns einen Vorteil gegenüber den Menschenarten verschafft zu haben, deren Schaltkreise im Gehirn nicht genauso mutiert waren.

Diese Entwicklung bezeichnet Harari als kognitive Revolution.[8] Sie gilt als die Ursache für viele heutige, typisch menschliche Kompetenzen wie die Fähigkeit, mit anderen Vertretern unserer Spezies zu kooperieren. Wir kommunizieren mündlich und schriftlich, unabhängig von Zeit und Ort. Wir verstehen die physikalischen, biologischen und chemischen Gesetze und können die Welt manipulieren. Entsprechend können wir Flugzeuge konstruieren, mit denen wir fliegen können, obwohl wir keine Flügel haben. Wir bauen Züge, die uns mit 300 Kilometern pro Stunde reisen lassen, schneller als jedes andere Tier laufen kann. Ein Baby lernt all das, was uns als Menschen ausmacht, zum Beispiel, andere Menschen zu lesen und ihnen zu vertrauen oder Werkzeuge zu bauen, die uns das Leben erleichtern. All diese Fähigkeiten gehen zurück auf ein paar arbiträre genetische Mutationen, die vor 70 000 bis 30 000 Jahren auftraten und die der Menschheit einen Überlebensvorteil brachten. Zufällig trat bei irgendeinem unserer Verwandten diese genetische Änderung auf und katapultierte die Menschheit in die Spitzengruppe der intelligenten Lebewesen.[9]

Unbeschriebenes Blatt
oder angeborenes Genie?

Eine Frage, die (manche) Leute bis heute streiten lässt, ist diejenige, ob der Mensch durch seine Gene (der nativistische Blick) oder die Umwelt (der empiristische Blick) geprägt ist.[10] Sind wir unbeschriebene Blätter, die durch Erfahrung lernen, oder haben wir tief verwurzeltes Wissen, das uns durch die Evolution geschenkt ist? Auch wenn dies heute praktisch beantwortet ist und unentschieden ausging, ist es sinnvoll, sich mit dem Thema »Gen versus Umwelt« zu beschäftigen. Denn implizit steckt diese Frage in jeder Theorie des Lernens und somit in jeder Theorie der Erziehung: Weiß ein Baby etwas, wenn es erstmals das Licht der Welt erblickt? Auf welchen Dingen basieren die Erkenntnisgewinne der Babys? Wenn wir verstehen wollen, wie Babys und kleine Kinder lernen, müssen wir wissen, welche Fähigkeiten angeboren sind und wie die Umwelt die Lernerfahrung wiederum prägt.

Die Metapher des unbeschriebenen Blattes geht auf den englischen Philosophen John Locke zurück, der in seinem *Essay Concerning Human Understanding*[11] im Jahre 1690 erstmals argumentierte, dass der Mensch ein »unbeschriebenes Blatt« sei, das nur durch eine Variable lerne: Erfahrung. Die Umwelt präge also den Menschen. Locke kritisierte hierbei die Aussage, dass gewisse Dinge wie ein Sinn für Gott, ewige Wahrheiten oder mathematische Ideale angeboren seien.[12] Lockes Theorie war gleichzeitig eine Theorie der Psychologie (wie tickt der Mensch?) und der Epistemologie (wie können wir überhaupt etwas wissen?).[13] Sie entstand zu einer Zeit, in der weltliche Privilegien durch angeborene (göttlich geprägte) Unterschiede legitimiert wurden. Ein absolutistischer Herrscher galt durch Geburt als etwas Besseres, Frauen galten als dem Mann unterstellt, Weiße erhoben sich über ihre Mitmenschen. Locke griff durch seine Argumentation, dass wir alle als unbeschriebenes Blatt auf die Welt kommen, die Berechtigung dieser Diskriminierung an. Unterschiede sind nicht gottgegeben, sondern menschengemacht. Vielfach wird er daher als Gründer der Theorie des politischen Liberalismus bezeichnet.[14] Auch heute gibt es immer noch die Ansicht, dass Menschen aufgrund angeborener Verschiedenheiten unterschiedlich zu bewerten seien. In Deutschland ist es noch nicht einmal 100 Jahre her, dass aufgrund von Theorien über naturgegebene Unterschiede Rassenpolitik und eugenetische Programme mit dem Ziel, den Anteil positiv bewerteter Erbanlagen innerhalb der Bevölkerung zu vergrößern, staatlich legitimiert wurden. In unserem Nachbarland der Schweiz besitzen Frauen erst seit wenigen Jahrzehnten das Recht zu wählen.

Dies stellt eine starke Instrumentalisierung und einen Missbrauch der Theorie von angeborenem Wissen und inhärenten Talenten dar. Gerade die Tatsache, dass wir alle über angeborene Prädispositionen verfügen, könnte ebenso eine Theorie der Gerechtigkeit motivieren: Niemand ist dafür verantwortlich, mit welchen Genen er auf die Welt kommt und welcher Umwelt er ausgesetzt ist. Daher eignen sich gerade diese Unterschiede, um gegen Ungerechtigkeit zu kämpfen. Komplexe Wechselwirkungen zwischen Veranlagung und Umwelteinfluss könnten – sofern sich beide Variablen auch noch gegenseitig verstärken – den Kampf gegen Ungerechtigkeit noch viel mehr motivieren. Gerade in der Bildungspolitik wird stets an der Chancengerechtigkeit zwischen bildungsnahen und bildungsfernen Kindern gezweifelt.

Wenn wir die Entwicklung von Babys untersuchen, schauen wir nicht in erster Linie nach genetisch bedingten Unterschieden, sondern vielmehr nach den angeborenen Universalien – nach dem, was uns allen gemeinsam ist. Wenn im Kontext dieses Buches von angeborenem Wissen gesprochen wird, ist damit etwas gemeint, das *allen* gesunden Menschen angeboren ist. Wir alle haben zwei Beine, zwei Arme, zwei Augen, zwei Nieren, ein Gehirn. Bei der Frage nach angeborenen kognitiven Prädispositionen geht es darum, was uns als Menschen *eint*, und nicht, was uns auseinandertreibt. Denn so unterschiedlich wir alle sein mögen, niemand von uns möchte ungerecht behandelt werden, niemand ist gerne eines anderen Sklave und niemand will hungern oder verdursten. Es gibt sehr viel mehr, was wir alle gemeinsam haben. Donald E. Brown publizierte im Jahre 1991 eine Liste der menschlichen Universalien, also all dessen, was allen Menschen zu eigen ist.[15] Hierzu gehören Hunderte Dinge, unter anderem Schmerz, Freude, Poesie, die Fähigkeit zur Logik, abstrakte Sprache, die Handhabung von Spielzeug oder zeitliches Empfinden. Es geht um diese Grundfesten der menschlichen Existenz, wenn man fragt: Was ist unseren Babys angeboren und wie lernen sie darauf basierend die Welt zu verstehen?

Während die Metapher des unbeschriebenen Blattes John Locke zugesprochen wird, beschäftigt die Frage, was der Mensch weiß, wenn er das Licht der Welt erblickt, die Denker und Forscher schon so lange wir zurückschauen können. Auch wenn dies sicherlich nicht der Ursprung der Debatte ist, lassen wir diesen Streit im antiken Griechenland, dem Geburtsort der westlichen Philosophie, beginnen.[16] Platon geht in seinem Werk *Menon*, einem Dialog zwischen seinem Lehrer Sokrates und Menon von Pharsalos, der Frage nach, ob Tugend erlernt oder angeboren sei. Platon argumentierte, dass alles Wissen bereits im Kopf vorhanden ist und lediglich aufgesammelt werden muss. Also müsste es seinem Lehrer Sokrates im *Menon* gelingen, durch gezieltes Fragen komplexe mathematische Regeln im Kopf eines Sklaven zu erschließen. Letztlich leitet der Sklave tatsächlich den Satz von Pythagoras her. Ergo: Sokrates erbringt den Beweis, dass bestimmte Arten von Wissen, wie ein Verständnis mathematisch-geometrischer Prinzipien, angeboren sind. Da ein Sklave im antiken Griechenland keinerlei Bildung erhielt, musste dieses Wissen angeboren sein, da er den Satz herleiten konnte.

Vor einem heutigen Gericht würde diese Beweisführung vermutlich nicht akzeptiert werden, da Sokrates dem Sklaven die Worte in den Mund legte. Seine fragende Anamnese ist kein Beweis für angeborenes Wissen. Nichtsdestotrotz kann man in Platon den Ur-Nativisten, also einen Befürworter angeborenen Wissens, erkennen. Die Rolle von Aristoteles als Ur-Empiriker ist etwas schwieriger zu erkennen[17], aber klar scheint, dass er den Platonischen Nativismus nicht akzeptierte. Für Aristoteles ist das Verständnis der Natur durch Wahrnehmung getrieben, es kommt also von außen.

John Lockes Argumentation des unbeschriebenen Blattes als Fundament einer politischen Philosophie des Liberalismus basierte also auf einem sehr weit zurückreichenden, breiten philosophischen Fundament, das mindestens bis ins antike Griechenland reicht. Die Kritik an Lockes Position ließ jedoch nicht lange auf sich warten und kann sich ebenfalls auf die Antike berufen. Auch René Descartes bemerkte, dass es eine gewisse

Diskrepanz zwischen dem gab, was *in die Sinne komme* und dem, was die Sinne *daraus machten.* Stellen wir uns eine berühmte optische Täuschung vor: Das Bild einer sogenannten Rubinschen Vase, benannt nach dem dänischen Psychologen Edgar Rubin, lässt anhand der schwarz-weiß gehaltenen Flächen zwei gegenüberliegende helle Gesichter oder eine dunkle Vase erkennen. Man kann dabei nie beides gleichzeitig sehen, nur jeweils das eine oder andere. Wir können also beim Betrachten dieses Bildes in einem Moment eine Vase und im nächsten zwei Gesichterprofile wahrnehmen, ohne dass sich am Bild selbst etwas geändert hat. Descartes zufolge müssten wir ebenfalls eine abstrakte, non-sensorische Idee von physikalischen Objekten haben.[18] Unser Verständnis von Objekten oder Kausalität müsse in diesen abstrakten Ideen stecken. Wir müssten also mit ebendiesen angeborenen Fähigkeiten in die Welt kommen. Photonen (»Lichtteilchen«), die auf unser Auge träfen, könnten unmöglich ausreichen, um Objekte zu erkennen, darüber Theorien der Schwerkraft zu bilden und diese mit Ingenieurskunst zu beeinflussen.

Neben Descartes wurde John Locke auch vom deutschen Denker Gottfried Wilhelm Leibniz kritisiert. Laut Leibniz sind unsere Sinne zwar notwendige Bedingung für all unser Wissen, aber keinesfalls hinreichend. Ebenso wenig wie Descartes war er der Meinung, dass die externe Welt und dessen Erleben die Ursache von allem menschlichen Wissen sein könne.

Auch in der Geschichte der Entwicklungspsychologie wollten einige bemerkenswerte, heute berühmtberüchtigte Studien der Frage auf den Grund gehen, wie stark der Mensch in seiner Entwicklung durch Gene oder die Umwelt geprägt sei. Ein sehr bekanntes Experiment nahm der amerikanische Psychologe Winthrop Kellogg vor, der vom Mythos des Wolfskindes fasziniert war. Schon seit dem späten Mittelalter gab es immer wieder Berichte über Wolfsjungen, die nicht bei Menschen aufwuchsen, sondern in einem Wolfsrudel. Rudyard Kiplings durch die Disney-Verfilmung weltberühmtes *Dschungelbuch* mit seiner bei Wölfen aufwachsenden Hauptfigur Mogli basiert auf solchen Legenden. Bis heute ist es wissenschaftlich debattiert, ob es solche Kinder tatsächlich gab.

Winthrop Kellogg wurde von diesen Geschichten nicht zu einer Romanfigur wie Mogli, sondern zu einer wissenschaftlichen Fragestellung inspiriert. Er interessierte sich dafür, ob ein in der Natur ausgesetzter Junge tatsächlich zum Wolf werden könnte beziehungsweise ob der Mensch tatsächlich in der Wildnis unter Wölfen leben könnte und deren Verhalten und Kommunikation übernähme. Letztlich ging es um die ewige Frage: Wie stark prägt die Umwelt den Menschen? Wie groß ist der Einfluss unserer genetischen Disposition?

Aus ethischen Gründen nahm Kellogg jedoch davon Abstand, Menschenkinder tatsächlich in die Isolation zu schicken. Stattdessen folgte er dem umgekehrten Ansatz: Wie prägt die menschliche Umwelt ein Tier, das bei den Menschen lebt? Wird das Tier zum Menschen? Ist der Einfluss der Umwelt stark genug, um die Natur eines Tieres auszuschalten? Zur Beantwortung dieser Frage adoptierte er gemeinsam mit seiner Frau ein Schimpansen-Baby, taufte es Gua und ließ es mit seiner Familie aufwachsen.[19] Seine Frau und er forschten gemeinsam und analysierten, ob sich Gua ähnlich entwickle wie ihr leibliches Kind Donald.

*Abbildung 2:
Donald mit seiner
Schimpansenschwester
Gua. Beide wuchsen
in den Monaten der
Studie exakt gleich
auf. Die Ähnlichkeit
wurde konsequent
durchgezogen, auch
in Bezug auf die
Kleidung.*[20]

Zu Beginn der auf fünf Jahre angelegten Studie war Gua etwa sieben Monate alt und Donald zehn Monate. Beide schienen sich auf Anhieb zu verstehen. Gua zeigte fantastische Lernleistungen und begriff beispielsweise schneller als Donald, dass man einen Stuhl als Kletterhilfe nutzen kann, um an eine Banane zu gelangen. Zunächst schien es so, als lerne Gua tatsächlich mindestens genauso gut wie Donald. Dennoch entwickelte sie sich nicht wie ein Mensch, obwohl ihr alles gelehrt wurde, was auch Donald durch seine Eltern erfuhr. Nach neun Monaten brach Kellogg jedoch das Experiment ab und schickte Gua zurück in den Zoo, denn seiner Frau und ihm war aufgefallen, dass Donald nach 19 Monaten lediglich drei Worte beherrschte, sehr viel weniger als andere englischsprachige Kinder im vergleichbaren Alter. Stattdessen begann Donald Affenlaute zu imitieren. Er übernahm etwa Guas Futterlaut, wenn er hungrig war. Statt dass Gua sich an die Menschen anpasste, schien Donald sein Verhalten der Schimpansin anzugleichen. Sobald Gua aus der Familie fort war, entwickelte sich seine Sprache rapide. Er schien keine kognitive Beeinträchtigung davonzutragen und absolvierte schließlich sogar ein Medizinstudium an der weltberühmten Harvard University. Sein Leben endete dennoch tragisch, als er sich wenige Monate nach dem Tod der Eltern im Alter von ungefähr 40 Jahren das Leben nahm.

Kelloggs Experiment gab auf die Frage, inwieweit die Gene oder die Umwelt Organismen prägen, eine für die Wissenschaft typische Antwort, nämlich: es kommt darauf an. Man kann die Grenzen, an die Gua stieß, als starken Hinweis dafür interpretieren, dass die genetischen Anlagen einen starken Einfluss ausüben. Sie schienen Guas Lernfortschritt zu begrenzen. Die Tatsache, dass Donald anfing, mittels Schimpansenlauten zu kommunizieren, ist ein Hinweis darauf, wie flexibel jedoch der Mensch auf die Umwelt reagieren kann. Aber bedeutet dies, dass die Umwelt uns stärker prägt als die Gene? Das komplexe Zusammenspiel von Prädisposition und Umwelt ist eine bis heute existierende Fragestellung, die in der Entwicklung des Babys eine besondere Relevanz hat.

Wie aus der bereits dargestellten Debatte im antiken Griechenland geschlossen werden kann, haben wir uns lange über diese Frage gestritten und darüber sinniert, ob wir als unbeschriebenes Blatt auf die Welt kommen und durch die Umwelt geprägt werden, oder ob der Mensch intrinsische, angeborene Fähigkeiten hat, die uns durch das Leben leiten. Heute dreht sich die Debatte weniger darum, diese philosophische Grundsatzfrage endgültig zu klären, sondern eher darum, *welches* Wissen uns eigentlich angeboren ist und *welches* Wissen durch die Umwelt geprägt wird. Wie sehen die komplexen Wechselwirkungen zwischen angeborenen Lernalgorithmen und dem auf Umweltreizen basierenden statistischen Lernen aus? Wie können wir so rapide lernen? Dies ist die Frage, welche die Entwicklungspsychologie heute intensiv beschäftigt.

Die aktuelle Genforschung zeigt, dass es oft komplexe Interaktionen von Genen und Umwelt sind, die uns prägen. Das gesamte Feld der Epigenetik erforscht etwa diese komplexen Wechselwirkungen im Bereich der Genexpression: Es ist oft eine Frage der Umwelt, ob ein bestimmtes Gen *angeknipst* wird. So kann beispielsweise Krebs bei einer Person ausbrechen und einer anderen nicht, auch wenn beide theoretisch die gleiche genetische Veranlagung für die Erkrankung haben. Möglicherweise hat die erkrankte Person einen ungesunden Lebensstil gepflegt (z. B. Tabakkonsum, Bewegungsmangel etc.), was wohl mit dazu geführt hat, dass sich der Krebs bei der gegebenen genetischen Disposition entwickeln konnte. Forscher erklären somit Krebs als ein Zusammenfallen von Genen und Umwelteinflüssen.

Wie beim Lesen der folgenden Kapitel klar werden wird, gehen wir heute davon aus, dass Babys bereits mit abstraktem, genetisch geprägtem Wissen auf die Welt kommen. Hierzu gehören die Fähigkeit zur Abstraktion, Wissen über Objekte und anderes. Basierend hierauf wird das gesamte zu erlernende Wissen aufgebaut. Dies ist eine Erkenntnis der letzten Dekaden. Es ist noch gar nicht so lange her, dass die reinen Empiristen die Deutungshoheit in der Psychologie komplett für sich in Anspruch nahmen.

Behaviorismus:
Verhalten als einziger Pfad zur Weisheit?

Die Psychologie als Wissenschaft – so vermittelt es nahezu jedes Standardlehrwerk – entstand aus den Gedanken des Aufklärers John Locke sowie denen seines intellektuellen Erbens John Stuart Mill.[21] Insbesondere Mill attackierte kontinentale Philosophen und formulierte eine auf Locke zurückgehende Theorie des Lernens durch Assoziationen. Diese Ideen waren die Basis für eine der vielleicht einflussreichsten Theorien, welche die Psychologie bis heute kennt – den *Behaviorismus*.

Der Behaviorismus versuchte, innere Prozesse wie Gedanken und Gefühle beim Verständnis über menschliches Lernen komplett auszuklammern, da für den Forscher das einzig Beobachtbare das Verhalten sei. Alle Versuche, in die Gefühls- und Gedankenwelt von Menschen einzudringen, galten als unwissenschaftlich. Auf dem Behaviorismus basierende Lerntheorien argumentieren, dass Kinder lernen würden, bestimmte Handlungen mit bestimmten Konsequenzen zu verbinden (zu assoziieren) und sich dadurch adäquates Verhalten aneignen würden. Der Nachhall dieses theoretischen Ansatzes ist in der Pädagogik bis heute fühlbar. Noch immer wird versucht, durch positive und negative Verstärkung Kinder extern zu steuern und zu formen. Aber auch in anderen Gebieten wie in der klinischen Psychologie oder im Bereich der künstlichen Intelligenz werden Anwendungen wie *Reinforcement Learning* bis heute – mitunter sehr erfolgreich – aktiv genutzt.

Der Begründer des Behaviorismus war John Watson, der 1913 den Aufsatz *Psychologie, wie der Behaviorist sie sieht* schrieb. Einer der Kernaussagen ist heute derart berühmt-berüchtigt, dass man sie auf Wikipedia findet: »Die Psychologie ist aus der Sicht des Behavioristen ein rein objektiver experimenteller Zweig der Naturwissenschaften. Ihr theoretisches Ziel ist die Voraussage und Kontrolle des Verhaltens. Die Introspektion zählt nicht zu ihren Methoden, noch hängt der wissenschaftliche Wert ihrer Daten davon ab, wie leicht sie sich in den Begriffen des Bewusstseins interpretieren lassen.«[22]

Watson kokettierte sogar damit, dass man ihm ein beliebiges Dutzend gesunder Kinder geben solle und er sie so trainieren könne, dass jedes beliebige Kind entweder Arzt, Anwalt, Kaufmann oder gar Dieb werden könnte.[23] Er allein könne durch sein Training entscheiden, was aus den Kindern werden würde.

Für Watson spielten weder Talente noch Neigungen der Kinder für ihre Entwicklung eine Rolle. Er war der Meinung, dass man tierisches und menschliches Verhalten schlicht durch *Stimulus-Response-Modelle* abbilden könne wie in den berühmten Studien von Pavlov und Skinner. Pavlov testete an seinem heute berühmten Hund, ob er diesen »konditionieren« könne. Dazu kombinierte er bekanntermaßen zunächst die Fütterung mit dem Läuten eines Glöckchens. Selbstverständlich lief dem Hund das Wasser im Mund zusammen, sobald er die Nahrung roch oder erblickte. Irgendwann reagierte der Hund allein auf das Läuten des Glöckchens mit Speichelfluss, selbst, wenn gar keine Nahrung bereitgestellt wurde. Pavlov konnte dadurch nachweisen, dass sein Hund mit einem vorhersagbaren Verhalten reagierte, sobald der externe Reiz (das Glöckchen) präsentiert wurde.

B. F. Skinner testete in theoretisch verwandten Experimenten das Gleiche an Tauben und Ratten. Allerdings übertrieb er seinen Erkenntnisgewinn wohl in seinem Buch *Verbal Behavior*, also *Das Verhalten von Organismen*. Er war sicher, dass seine Erkenntnisse und sein Theoriegerüst so robust seien, dass man aus einzelnem Verhalten (dem Picken nach Futter) einer einzigen Spezies (Tauben) auf das Verhalten sämtlicher Organismen (Pflanzen, Tiere, Menschen, Bakterien, etc.) schließen könne.

Mit dieser Kühnheit der Schlussfolgerung stand er nicht allein da. Auch Watson schrieb bereits 1913, dass der »Behaviorist keine Trennlinie zwischen Mensch und Tier kennt«[24]. Ganz so sicher schien er sich aber doch nicht zu sein, da er in eigenen Experimenten herauszufinden versuchte, ob die behavioristischen Experimente auch auf den Menschen übertragen werden könnten. Im Februar 1920 veröffentlichte Watson gemeinsam mit Rosalie Rayner einen Aufsatz in der Zeitschrift *Journal of Experimental Psychology*. Diese gilt noch heute als eine der wichtigsten Publikationsorgane der experimentellen Psychologie. In ihrem Aufsatz beschreiben sie die Experimente an dem weniger als einem Jahr alten Albert B.[25] Die Laborprotokolle lesen sich wie ein Gruselmärchen. Glücklicherweise sind derartige »Experimente« heute nicht mehr möglich, beziehungsweise sollte sich keine ernstzunehmende Fachzeitschrift finden, die Experimente dieser ethischen Kategorie zu publizieren wagt.

Wie die Autoren beschrieben, testeten sie zunächst, ob der acht Monate und 26 Tage alte Albert auf laute Geräusche mit Angst reagierte, indem sie heftig mit einem Stahlhammer auf ein Stahlrohr schlugen. Bereits beim dritten Schlag brach Albert in Tränen aus. Nach diesem ersten »erfolgreichen« Test führten die Autoren ihr Experiment weiter, indem sie versuchten, bei Albert eine Rattenphobie auszulösen, indem sie ihm bei jedem Schlag eine Ratte präsentierten.

Aufbauend auf der Erkenntnis aus derlei Versuchen ließ sich Watson zu folgendem »Expertenurteil« in Bezug auf die Fürsorge von Babys hinreißen, die heute aus der Zeit gefallen sind. »Umarmen Sie niemals [Ihre Kinder], lassen Sie sie nie auf Ihrem Schoß sitzen. Falls es unbedingt nötig ist, küssen Sie sie kurz auf die Stirn vor dem Schlafengehen. Begrüßen Sie ihre Kinder morgens per Handschlag«.[26] Ähnliche Tipps wurden von populären Zeitschriften gegeben, beispielsweise *Infant Care*. Sie plädierte dafür, eine strenge Zeitplanung einzuhalten, das »unnötige« Weinen von Babys durch Ignorieren zu stoppen, befürwortete frühes Toilettentraining und riet von Schaukeln oder Spielen mit Säuglingen ab.[27] Diese pädagogischen Tipps liegen der Annahme zugrunde, dass Menschen aus rein behavioristischer Sichtweise verstanden werden können: Wir reagieren nur auf externe Reize, innerliche Prozesse (Emotionen, Kognitionen) spielen keinerlei Rolle für das Verständnis. Es gibt kein natürliches Bedürfnis nach Nähe, Zuneigung und anderen Dingen. Alles, was im Innern des Körpers passiert, gilt als »Black Box«, was nicht analysierbar ist und daher nicht als wissenschaftlich interessant galt. Rein behavioristisch kann man sich daher zu folgender pädagogischen Interpretation genötigt fühlen: Wenn man ein schreiendes Baby damit belohnt, dass es auf den Arm genommen wird, »lernt« dieses zu schreien, weil es auf das Schreien eine positive Konsequenz zu erwarten hat.

Die kognitive Wende

Heute scheint es offensichtlich, dass viele dieser behavioristischen Ideen zu kurz greifen oder teilweise schlichtweg falsch sind. Insbesondere die Empfehlung, Babys schreien zu lassen und sie nicht mit Zuwendung zu verwöhnen, hat weitreichende negative Konsequenzen auf ihre psychische und physische Entwicklung.[28] Jedoch galt es damals nicht als wissenschaftlich, auf eine andere Variable zu schauen als auf das objektive und messbare Verhalten, da es sich als einziger Faktor verlässlich bestimmen ließ. So versuchte die Psychologie eine exakte Naturwissenschaft zu werden.

Die kognitive Wende (engl. *Cognitive Revolution*) beendete schließlich das Bestreben, ausschließlich auf das Verhalten zu schauen. Der Psychologe George Miller beschreibt die kognitive Wende nicht als Revolution, sondern vielmehr als Gegenrevolution. Denn es existierten bereits Ströme in der Psychologie, die Wahrnehmung, Kognition und Emotionen explizit berücksichtigten, bevor der Siegeszug der Behavioristen begann. Die Psychologie des William James[29] etwa argumentierte, dass die psychologischen Variablen genau wie unsere Organe evolutionär geprägt seien. Unser Denken und Fühlen wurde nach James ebenso im Laufe der Evolution selektiert wie die Funktionen von Auge, Mund und Nase.

Zur Blütezeit des Behaviorismus galten derlei Ideen in den psychologischen Instituten der Welt jedoch fast als ketzerisch, und es war nahezu unmöglich, eine wissenschaftliche Karriere in der Psychologie aufzubauen und gleichzeitig Behavioristen zu kritisieren. Es ist daher auch wenig verwunderlich, dass die ursprüngliche Kritik aus anderen Gebieten kam. Der Behaviorist B. F. Skinner etwa publizierte im Jahre 1957 das Buch *Verbal Behavior*, eine rein behavioristische Abhandlung von Sprache und Kommunikation, und versuchte somit, seine Ideen auf die Linguistik zu übertragen.

Es war auch schließlich ein Linguist, der es schaffte, den Behaviorismus einflussreich zu kritisieren. Der amerikanische Wissenschaftler Noam Chomsky verpasste dem behavioristischen Ansatz in der Linguistik schließlich den Sargnagel.[30] Mit seinen Ideen einer Universalgrammatik aus den späten 1950er-Jahren initiierte er die kognitive Wende in der theoretischen Linguistik.[31] Sein Konzept griff nicht nur den Behaviorismus direkt an, sondern gab auch der Debatte um Nativismus und Empirismus neues Futter. Chomsky zeigte durch seine linguistischen Arbeiten auf, dass es so etwas wie einen Sprachinstinkt geben müsse. Die Sprache kann also nicht rein empiristisch von außen kommen.[32] Er präsentierte das heute berühmte *Poverty-of-the-Stimulus*-Argument, zu Deutsch etwa das »Argument von der Armut der externen Reize«. Er argumentierte, dass Vieles, was im Geist eines Menschen passiere, viel zu komplex sei, als dass es allein von außen kommen könne. Beispielsweise legte er dar, dass praktisch alle Sprachen derart komplexe Elemente beinhalten, die nicht durch rein positive Belege, also den korrekten Sprachgebrauch, erlernt werden können. Eltern nutzen jedoch praktisch nie negative Belege, und Kinder werden daher selten damit konfrontiert. Es ist ja in der Tat untypisch, dass wir jeden Tag – etwa beim Frühstück – ein paar ungrammatikalische Sätze formulieren, damit unsere Kinder verstehen, wie man es *nicht* macht. Kinder lernen trotzdem mühelos die Grammatik korrekt anzuwenden. Laut Chomsky ist diese dem Menschen angeboren – wir haben einen Sprachinstinkt.[33]

Weitere Beweise dafür, dass der Behaviorismus nicht der Weisheit letzter Schluss war, kam aus der Biologie. Harry Harlow war ein US-amerikanischer Verhaltensforscher und gilt bis heute als einer der prominentesten Primatenforscher, die die Welt je gesehen hat. Seine Berühmtheit erreichte er vor allem durch seine Experimente am Rhesusaffen, die aus heutiger Sicht ebenfalls sehr grausam erscheinen. Harlow trennte Neugeborene kurz nach der Geburt von den Müttern, um ihr Bindungsverhalten genauer zu studieren. Er gab den Babyäffchen dabei eine einfache Entscheidung zwischen zwei Optionen, die uns sehr viel über die grundlegenden Bedürfnisse von Primaten – wie der Mensch ja auch einer ist – lehrt.

Die neugeborenen Rhesusaffen hatten die Möglichkeit, sich eine von zwei künstlichen »Ersatzmüttern« auszusuchen. Die eine bestand aus geflochtenem Draht, verfügte aber über eine Methode, den Jungen mit einer Milchflasche Nahrung zu geben. Die andere »Ersatzmutter« hatte keinerlei Möglichkeit, den Kleinen etwas zu trinken zu geben, war dafür aber fellig weich. Das Neugeborene konnte sich also an die zweite »Ersatzmutter« kuscheln.

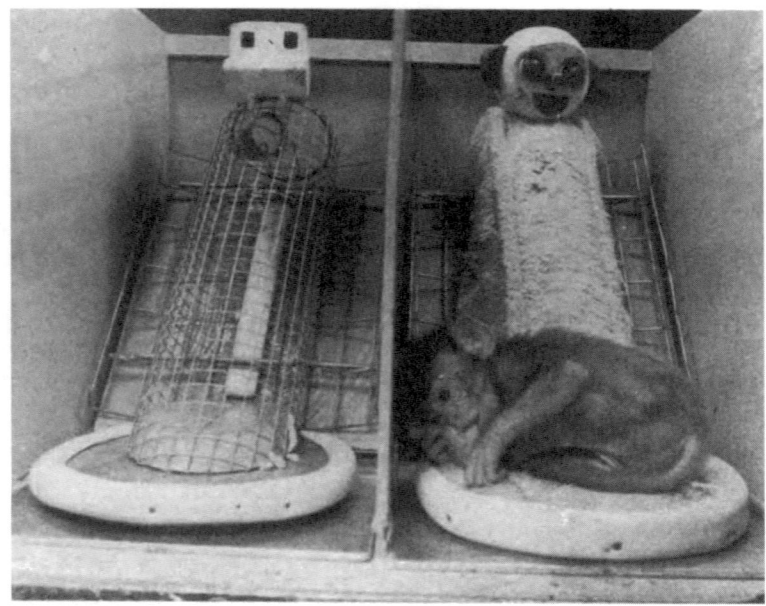

Abbildung 3: Die Experimente von Harry Harlow und seinen Kollegen zeigen die Präferenz der Rhesusäffchen. Sie halten sich lieber bei der kuscheligen Ersatzmutter auf, auch wenn sie keinen Zugang zur Nahrung haben.[34]

Abbildung 3 zeigt die Quintessenz von Harlows Experimenten: Praktisch alle jungen Affen zogen das Kuscheln dem Essen vor. Dies erlaubt uns den Schluss, dass Primaten ein sehr stark ausgeprägtes Bedürfnis nach Nähe haben. Gleiches gilt auch für den Menschen: Nahrung allein macht uns (emotional) nicht satt.

Diese Erkenntnis ist heute in nahezu jeder Neugeborenen-Station praktisch umgesetzt: Es wird häufig explizit darauf verwiesen, dass im Kreißsaal nach der Geburt genügend Zeit für das sogenannte *Bonding* bestehe. Das frisch Geborene darf auf der Brust der Mutter liegen und erst nach etwa 30 Minuten wird die erste Untersuchung am Kind durchgeführt. Das *Bonding* ist die erste soziale Tätigkeit nach der Geburt und wichtig für die sozio-emotionale Entwicklung der Babys.[35] Viele Hebammen verweisen heute sogar darauf, dass junge Eltern viel zu früh das Smartphone zücken, um erste Bilder des Nachwuchses in den »sozialen« Netzwerken zu posten und so diese wichtige Zeit mit dem Kind vernachlässigen. Ein Gefühl des Auf-frischer-Tat-ertappt-Seins lässt mich hier nicht los. Beim Stöbern durch unsere Familienfotos fand ich das erste Foto meines älteren Sohnes – im zarten Alter von 32 Minuten. Die Experimente an Harlows Rhesusaffen zeigten uns, wie tief verwurzelt das Bedürfnis nach Nähe unmittelbar nach der Geburt ist. Auch wenn uns diese Erkenntnis heute nicht mehr groß überraschen mag, standen die Ergebnisse dieser Studie damals im starken Kontrast zu vorherrschenden Theorien der menschlichen Psychologie.

Im Rahmen der pädagogischen Psychologie schlug Albert B. den Sargnagel für den Behaviorismus ein. Albert B. war das Pseudonym des kleinen Jungen, der mit dem lauten Geräusch der Eisenstange gequält wurde, damit der Nachweis gelang, dass man ihm eine Rattenphobie antrainieren könne. Es ist umso ironischer, dass schließlich ein echter Albert B., Albert Bandura, durch seine Arbeiten im Rahmen der Lerntheorie starke Evidenz dafür präsentierte, dass der Behaviorismus nicht einmal das Lernen gänzlich erklären könne. Konkret interessierte sich Bandura für das soziale Lernen und das Imitieren, insbesondere für das Thema Aggression.

Banduras bis heute einflussreichste Studie war die sogenannte Bobo-Puppen-Studie. Sie war die Grundlage für die Entwicklung seiner *Social Learning Theory*, die das Lernen als nicht-behavioristisch beschrieb. Bandura lud Kinder im Alter von vier bis fünf Jahren in sein Labor ein und spielte ihnen einen Film vor, der als zentralen Charakter die Puppe Bobo hatte. Die Kinder wurden selektiv verschiedenen experimentellen Bedingungen zugeordnet. Alle beobachteten, wie eine erwachsene Person die Puppe schlug, trat, zu Boden warf und beschimpfte. Je nach experimenteller Bedingung sahen die Kinder dann, wie die erwachsene Person gelobt, bestraft oder neutral behandelt wurde. Anschließend wurden die Kinder in den Raum mit der Puppe Bobo geführt. Die Verhaltensreaktion hing von dem zuvor gesehenen Film ab. Die Kinder, die beobachtet hatten, dass Aggression gelobt wurde, verhielten sich deutlich aggressiver als diejenigen, die gesehen hatten, dass man dafür getadelt wurde. Die Kinder, denen man eine neutrale Information gegeben hatte, verhielten sich ähnlich wie die, die zuvor eine tadelnde Reaktion gesehen hatten. Kurzum: Die Vier- bis Fünfjährigen waren in der Lage, aus den *Stimulus-Response*-Mustern einer *anderen* Person zu lernen. Dies widerspricht dem behavioristischen Ansatz: Wir lernen nicht nur durch Reiz-Reaktions-Muster, sondern sozial von unseren Mitmenschen.

Erst Studien wie die von Albert Bandura und Harry Harlow sowie Schriften von Noam Chomsky änderten unseren Blick auf die Psychologie des Menschen. Letztlich sind es solche Arbeiten, die an den Grundfesten des Behaviorismus rüttelten und die kognitive Wende einläuteten. Forschung, die das Baby mit dem Wissenschaftler vergleicht, ist eine direkte Folge aus diesem Paradigmenwechsel. Heute ist uns klar, dass wir sehr wohl die mentale *Black Box* öffnen müssen, um menschliches Lernen und Verhalten zu verstehen. Und der Blick in ebendiese *Black Box* führte zu Erkenntnissen, die unser Verständnis über das Sozialverhalten des Menschen fundamental änderten.

Der reine Behaviorismus gilt in der Psychologie als überwunden, aber auch aus dieser Strömung sind Theorien entstanden, welche noch heute prägend und hilfreich sind. So sind etwa behavioristische Lerntheorien wie assoziatives Lernen (z. B. klassische und operante Konditionierung) nach wie vor sehr einflussreich und finden beispielsweise in der klinischen Psychologie (z. B. als Erklärungsansatz für die Entstehung von Phobien) und in der künstlichen Intelligenz immer noch Anwendung. Auch in der Pädagogik sind insbesondere die positive Verstärkung (Belohnung von erwünschtem Verhalten mittels z. B. Stickers) und Bestrafung zweiter Art (Ignorieren von unerwünschtem Verhalten) fester Bestandteil aktueller Praktiken. Mein eigenes Forschungsgebiet, das versucht, die psychologische Realität in ökonomische Modelle zu integrieren, nennt sich kurioserweise Verhaltensökonomik (englisch: *Behavioral Economics*) und nicht Psycho-Ökonomik oder Kognitionsökonomik, fast, als ob es die kognitive Wende nicht gegeben hätte.

Die wohl wichtigste Veränderung war, dass von nun an Denken und Fühlen – Kognition und Emotion – als wissenschaftlich legitime Variablen gelten. Es ergibt daher sehr viel Sinn, sich mit dem Denken der Menschen zu beschäftigen.

Bei der Erforschung von Babys gibt es jedoch ein großes Problem: Wie können wir einen Einblick in das Denken kleiner Menschen erhalten, wenn diese weder sprechen, lesen noch schreiben können? Wie betreibt man psychologische Forschung bei präverbalen Exemplaren unserer Spezies? Wie teilen Babys uns mit, dass sie denken?

Babys reden nicht, aber sie schauen

Entwicklungsforscher beschäftigten sich lange mit der Lösung dieses Problems: Wie können wir Einblicke in die geistige Entwicklung eines Menschen nehmen, den wir nicht fragen können, was er tut, dem wir komplexe experimentelle Prozeduren nicht erklären können? Wie messen wir das Verhalten und die Denkleistung der Babys, wenn sie weder reden noch kaum etwas anderes von dem tun, was man eben in psychologischen Experimenten so tut? Beispielsweise wird den Probanden üblicherweise erst einmal lange erklärt, was sie in dem Versuch zu tun oder zu lassen haben. Wer selbst schon einmal an einer kognitionspsychologischen Studie teilgenommen hat, weiß, dass man oft umfangreiche Instruktionen lesen und viele Informationen verarbeiten muss. In anderen psychologischen Studien werden die Teilnehmer gebeten, ihre Gedanken und Gefühle auf komplexe Weise zu beschreiben, etwa durch das Ausfüllen strukturierter Fragebögen oder langwieriger Interviews.

Wie umschiffen wir dieses Problem und können trotzdem ermitteln, was Babys denken? Wie so oft in der Wissenschaft erfolgte der Durchbruch bei der Untersuchung eines ganz anderen Problems – als Nebenprodukt. Es waren Arbeiten im Bereich der visuellen Wahrnehmung, welche letztlich die Erforschung des Baby-Geistes ermöglichten. Heute hängt praktisch die gesamte Wissenschaft im Bereich der kognitiven Entwicklung von Neugeborenen und präverbalen Babys von einer zufällig entdeckten Methode ab.

In den 1950er-Jahren war es noch eine weitverbreitete Annahme, dass Neugeborene nicht richtig sehen könnten, weil das Auge und das Gehirn noch nicht genügend ausgereift seien oder weil erst gelernt werden müsse, wie visuelle Reize verarbeitet werden können. Der US-amerikanische Entwicklungspsychologe Robert Fantz entdeckte durch seine Experimente gegen Ende der 1950er- und zu Beginn der 1960er-Jahre im Rahmen seiner Arbeiten an der Case Western Reserve University in Cleveland, Ohio, dass die Sehfähigkeit Neugeborener vielleicht doch schon stärker ausgeprägt ist als gedacht. In einem Experiment brachte er den Nachweis, dass unter fünf Tage alte Säuglinge sich deutlich mehr für schwarz-weiß kontrastierte Bilder interessierten als für kontrastarme. Sie blickten länger auf die Kontraste als auf die Einheitsfarben. Die technische Zusammenfassung am Ende eines seiner Forschungsartikel ist vielleicht die entscheidende Erkenntnis, ohne die die moderne entwicklungspsychologische Kognitionsforschung nicht hätte entstehen können. Laut Fantz zeigen diese Ergebnisse auf, dass das Sehvermögen Neugeborener durch die Differenzierung ihrer visuellen Aufmerksamkeit gemessen werden kann. Diese und andere Ergebnisse stellen traditionelle Ansichten, dass die visuelle Welt Neugeborener diffus oder chaotisch sei, in Frage.[36]

Robert Fantz bezog seine Resultate lediglich auf die Erforschung im Bereich des Sehens. Er ahnte nicht, dass seine Methode die gesamte Entwicklungspsychologie revolutionieren würde. Denn seine Ergebnisse legen nicht nur nahe, dass kleine Babys bereits sehen können, sondern vielmehr, dass man durch die Blickdauer Einsicht in das Denken der kleinen Menschen bekommt. Sie schauen länger dorthin, wo sie etwas Spannendes, Neues oder Unerwartetes entdecken. Diese Erkenntnis sollte noch sehr hilfreich werden.

Bis zum heutigen Tag hat sich diese Methode zum Standardrepertoire gemausert. Das *Preferential Looking Paradigm* gilt als das Arbeitstier der kognitiven Entwicklungspsychologie. Man macht sich schlichtweg die Tatsache zu Nutze, dass Babys länger dort hinschauen, wo es etwas Überraschendes, Interessantes oder Merkwürdiges zu sehen gibt. Wenn Babys zwischen statistisch möglichem und statistisch unmöglichem Ereignis unterscheiden, gilt dies als Hinweis darauf, dass sie statistische Beobachtungen erheben. Wenn sie länger auf etwas Unlogisches als auf etwas Logisches schauen, ziehen wir daraus die Interpretation, dass Babys über eine Art logische Kapazität verfügen müssen. Zwei Situationen, die sich lediglich in Bezug auf ein komplexes logisches oder mathematisches Ereignis unterscheiden, können bei Babys nur dann unterschiedlich ausgeprägte Verwunderung auslösen, wenn das Baby einen Sinn für ebendiese unterliegende Logik oder Mathematik hat.

Die beschriebene Entdeckung von Robert Fantz ermöglichte eine rapide Anhäufung neuen Wissens in der entwicklungspsychologischen Kognitionsforschung. Zunächst war es wieder legitim, Gedanken und Gefühle zu erforschen. Dann gab es darüber hinaus auch revolutionäre Methoden, die eine Erforschung der Gedanken möglich machten. Die Metapher des wissenschaftlichen Babys ist die direkte Folge dieser beiden Ereignisse. Der starke Erkenntnisgewinn in der Entwicklungspsychologie fußt also im Wesentlichen auf einer wissenschaftlichen Revolution im Sinne Thomas Kuhns. Der Wissenschaftsphilosoph formuliert in seinem Hauptwerk *Die Struktur wissenschaftlicher Revolutionen* den Verlauf von dramatisch neuen Erkenntnissen, den wissenschaftlichen Durchbrüchen. Kuhn prägte hier unter anderem den Begriff »Paradigmenwechsel« und meinte hiermit die Ermöglichung neuen

Wissens durch eine radikal erneuerte Art des Erforschens. Das Feld der entwicklungspsychologischen Kognitionsforschung – die systematische Erkundung der Gedanken unserer Babys – begann erst und führte zu einer ganz wesentlichen Erkenntnis: Babys lernen dem Wissenschaftler gleich. Aber wie lernt eigentlich ein Wissenschaftler?

Babys lernen durch Forschung

Vor der kognitiven Wende und der breiten Nutzung der Blickdauer-Methode von Robert Fantz in der Entwicklungspsychologie schien es absurd zu behaupten, dass Babys wie Wissenschaftler lernen.[37] Hätte dies jemand in einem Forschungsseminar behauptet, wäre er vermutlich ausgelacht worden.

Es klingt in der Tat zunächst verwunderlich, dass Babys sich in ihrem Erkenntnisgewinn dem Wissenschaftler ähnlich verhalten sollen. Der Forschungsdrang soll uns genetisch in die Kinderschuhe gelegt sein? Statt eines unbeschriebenen Blattes sollen den Menschen Methoden und Kenntnisse angeboren sein, die ihm ermöglichen, von Beginn an die Welt zu erforschen wie ein Wissenschaftler? Das, was nur ein verschwindend geringer Teil der Bevölkerung – der auch noch als eher sonderbar gilt – tut, soll eine der kognitiven Universalien des Menschen sein? Wissenschaft ist dem Menschen angeboren? Wie soll etwas tief in uns Menschen verwurzelt sein, das wir als Gesamtheit erst seit wenigen hundert Jahren tun und das vor allem nur so wenige Menschen tun?

Das konstruiert Wirkende an der Metapher des Babys als Wissenschaftler lässt sich leicht auflösen, indem man wissenschaftliches Arbeiten einmal auf die epistemologischen, also erkenntnistheoretischen Grundpraktiken herunterbricht. Wie genau funktioniert eigentlich ein wissenschaftlich orientierter Erkenntnisgewinn? Sind Babys so schlau oder ist Wissenschaftlersein gar nicht so kompliziert? Die Wahrheit liegt vermutlich in der Mitte, was die Qualität der kognitiven Leistungen eines Babys jedoch nicht schmälert.

Es ist ohne Frage sehr niedlich, kleine Babys in den Experimenten zu beobachten, wie sie die Versuchsleiter anstarren und überrascht, erfreut, oder verwundert reagieren. Ebenso ist es herzerwärmend, die Aha-Momente der Babys förmlich zu sehen, als ob man direkt dabei zuschauen könnte, wie der Kopf arbeitet und der kleine Mensch etwas begreift. Und darüber hinaus eignen sich die Erkenntnisse der Studien, gänzlich neue Theorien des Lernens aufzustellen.

Analogien zwischen wissenschaftlichen Theorien und kindlich-naivem Denken gibt es schon seit einigen Dekaden. Die Tatsache, dass es in der Art, Wissen zu erwerben, erstaunliche Parallelen zwischen Baby und Wissenschaftler gibt, ist jedoch noch relativ neu. Eine zentrale neue Erkenntnis ist beispielsweise, dass Babys durch gezieltes induktives Schließen lernen – also, indem sie vom Einzelfall auf das Allgemeine schließen. Die Herangehensweisen von Forschern und Babys sind hierbei erstaunlich ähnlich. Im Gegensatz zu hochspezialisierten Wissenschaftlern sind Babys dabei wahre Universalgenies. Binnen weniger Jahre erforschen sie zentrale Fragestellungen verschiedenster Disziplinen.

Die Kinder beschäftigen sich mit Fundamentaldisziplinen der Epistemologie, also der Erkenntnistheorie, und der Logik. Sie eignen sich Wissen im mathematischen und naturwissenschaftlichen Bereich an. Besonders interessant sind dabei die kindlichen Erkenntnisse im Bereich der Nummerntheorie, der Biologie und der Physik. So haben bereits ganz junge Babys ein grobes Verständnis von Nummern und Mengen, sie kategorisieren Objekte und Subjekte, sie erwarten, dass selbst bewegende Objekte (=Subjekte) ein Innenleben haben. Schon sehr früh begreifen sie, dass ein Tier und ein Stein fundamental andere naturwissenschaftliche Kategorien sind. Darüber hinaus müssen alle Naturgesetze genauestens erforscht werden. Ohne ein naives Verständnis physikalischer Gesetzmäßigkeiten – Gravitation, Fallgesetze, Gesetze der Thermodynamik, optische Prinzipien – wäre es dem Menschen unmöglich, sich auf der Welt zurechtzufinden.

Ferner erforschen sie sämtliche soziale Gesetze. Sie bilden Theorien über das soziale Zusammenleben der Menschen, sie machen sich Gedanken, wie verschiedene Menschen auf verschiedene Situationen reagieren und prüfen dies durch gezielte Aktionen.[38] Was hält die menschlichen Gesellschaften zusammen? Was prägt sie? Wie Wirtschaftswissenschaftler analysieren Babys, wie Menschen mit der Tatsache umgehen, dass die meisten Dinge knapper Natur sind. Wir haben nicht unendlich viel Geld, Kraft, Ausdauer, Nahrung und Lebenszeit. Wie Menschen mit dieser Knappheit umgehen, bildet das Kerngebiet der Wirtschaftswissenschaften, und schon Babys haben rudimentäre ökonomische Theorien, auf deren Basis sie Verhaltensvorhersagen machen. Sie interpretieren aus den Kosten, die jemand erträgt, um etwas zu erreichen, die Präferenzen dieser Person. Wenn jemand die Kosten nicht scheut, eine Birne zu ergattern, die viel schwieriger zu erhaschen ist als ein Apfel, schließen schon sehr kleine Babys daraus, dass diese Person eine Vorliebe für Birnen hat.

In den ersten zwölf Monaten des Lebens machen Babys zudem sehr große Fortschritte in den Bereichen der Geistes- und Sprachwissenschaften sowie in der Welt der Künste und der Musik. Die Fähigkeit zur komplexen Sprache ist die vielleicht beeindruckendste kognitive Leistung des Menschen. Mit der

Sprache ermöglichen wir uns nicht nur Kooperation im großen Stil wie beispielsweise bei der Umsetzung eines großangelegten Forschungsprojekts, bei der die Kommunikation zwischen zahlreichen Beteiligten essenziell ist, sondern machen uns auch unabhängig von der Raumzeit. Ich weiß nicht, wo und wann Sie diese Zeilen lesen, aber letztlich kommunizieren wir miteinander. Wie der Linguist und Psychologe Steven Pinker schreibt, ermöglicht uns die Sprache etwas Magisches: Ich kann – beispielsweise in Form eines Buches – in einem anderen Geist eine Idee stiften, welche wiederum die Gedanken und das Verhalten dieses Menschen nachhaltig prägt, selbst wenn ich diese Person nie sehe. Der Historiker Yuval Noah Harari geht weiter und sagt, dass unsere einzigartige Fähigkeit, Geschichten zu erdenken, zu erzählen und schriftlich weiterzutragen, den Erfolg unserer Spezies erst ausmache. Ohne Sprache gäbe es diese Geschichten nicht. Und ohne diese Geschichten hätten wir uns nicht hierhin entwickelt. Der Glaube an gemeinsame Geschichten halte uns zusammen.

Wenn Geologen irgendwo in der Welt auf Ausgrabungsreise unterwegs sind, wenn Mediziner versuchen, ein neues Medikament auf Wirksamkeit zu testen, wenn theoretische Astrophysiker vor der Schiefertafel stehen und die fundamentalen Gleichungen des Universums erdenken und aufschreiben, scheinen das auf den ersten Blick völlig unterschiedliche Vorgänge zu sein. Was eint die Wissenschaften dieser Welt? Was ist das eigentlich, das »wissenschaftliche Arbeiten«? Die dann sehr spannende Frage lautet, wie man ein ebensolches wissenschaftliches Vorgehen bei Babys und Kleinkindern nachweisen kann. Wie kann man untersuchen, ob Babys wissenschaftlich korrekte Hypothesen überprüfen? Was sind die epistemologischen Grundpraktiken, die allen Wissenschaften zugrunde liegen?

Eine Theorie des Lernens

Im Jahr 1886 war Andrei Markov gerade auf seine Professur für Mathematik an die Universität von St. Petersburg berufen worden. Seine Doktorarbeit hatte ihm bereits einigen Ruhm eingebracht, und er wurde in die russische Akademie der Wissenschaften aufgenommen. Markov interessierte sich nicht so sehr für die Umsetzung seiner Ideen in der realen Welt. Die Physik und Ingenieurskunst reizten ihn weit weniger als die Poesie. Wesentliche Schwerpunkte von Markovs Arbeit waren die Analyse bedingter Wahrscheinlichkeiten und stochastische Prozesse. Wie wahrscheinlich ist ein Ereignis (Licht ist an) unter der Bedingung, dass gleichzeitig ein anderes Ereignis eingetreten ist (Lichtschalter ausgeschaltet)? Ohne ein Verständnis dieser mathematischen Prozesse wäre es heute unmöglich, künstliche Intelligenzen zu erschaffen. Watson etwa, der Supercomputer der Firma IBM, hätte ohne die Erkenntnisse Markovs nicht gebaut werden und schon gar nicht gegen vielbelesene Menschen in der Quizshow »Jeopardy!« gewinnen können. AlphaGo, Googles Projekt, das den Weltmeister im Strategiespiel »Go« geschlagen hat, wäre ohne die Beiträge zur Wahrscheinlichkeitstheorie allenfalls ein Thema für Science-Fiction.

Abgesehen von einigen interessierten Mathematikern gibt es wohl nur wenige Menschen, die sich mit den hochkomplexen Formeln von Markovs Ideen auseinandersetzen, geschweige denn sie nachvollziehen können. Markov-Ketten machen es etwa möglich, Wahrscheinlichkeiten zukünftig eintretender Ereignisse zu berechnen. Sie lassen uns also Vorhersagen über die Welt machen. Aber jeder von uns hat derlei komplexe Mathematik genutzt, um die Funktionsweise der Welt zu erlernen. Diese Erkenntnis verdanken wir einer weiteren berühmten Forscherin.

150 Jahre später und etwa 9000 Kilometer entfernt von St. Petersburg, an der Westküste der USA, sollten Markovs Ideen nämlich ebenfalls eine zentrale Rolle spielen. An der University of California Berkeley forscht Alison Gopnik ebenfalls an stochastischen Prozessen, allerdings beschäftigt sie sich im Gegensatz zu Markov tagein, tagaus mit der kognitiven Entwicklung von Babys.

Eine der zentralen Fähigkeiten eines jeden Menschen ist das Erkennen von kausalen Ursachen. Wenn wir beispielsweise im Freien von oben nass werden, sehen wir einen kausalen Grund dafür im einsetzenden Regen. Wenn wir unsere Hand auf die heiße Herdplatte legen, verstehen wir, dass »Hand auf der Herdplatte« und »Herd eingeschaltet« zwei Auslöser für unseren Schmerz sind, die bei zeitgleichem Auftreten kausal wirken. Beide Ursachen für sich genommen reichen nicht aus. Ein Verständnis solcher Wirkungsketten ist für unser Überleben zwingend, und daher eines der zentralen Lernziele für jedes Baby.

Computermodelle sind häufig darauf programmiert, kausale Ursachen zu erkennen. Ein Ziel des maschinellen Lernens – also der künstlichen Intelligenz – ist es, kausale Vorhersagen über die Natur zu machen. Markovs Ideen benötigen ein sehr genaues Verständnis von abhängigen und unabhängigen Wahrscheinlichkeitsereignissen. Alison Gopnik und ihr Forschungsteam sind dabei ein wahrer *Agent Provocateur* für die klassischen Entwicklungspsychologen. Jean Piaget, der Begründer der Disziplin, nannte Babys und Kleinkinder noch »präkausal«, also (noch) nicht dazu im Stande, kausale Effekte adäquat einzuschätzen. Gopnik und ihre vielen Kollegen zeigten nicht nur, dass Piaget Unrecht hatte, sie zeigte vielmehr, dass sich das Verhalten von sehr kleinen Kindern durch die Markov-Eigenschaften erklären lässt. Das Erlernen stochastischer und kausaler Eigenschaften bei Babys kann durch die komplexe Mathematik beschrieben werden, erdacht von Andrei Markov. Babys lernen so, wie die höhere Mathematik ein »optimales« Lernen voraussagen würde. Der Lackmustest für die Intelligenz einer Maschine ist die Intelligenz eines Babys.

Diese Erkenntnis veranlasste die Entwicklungsforscher, eine neue Theorie des Lernens zu präsentieren. Ihr Name lautet *Theorie-Theorie*. Deren Grundidee ist es, dass kleine Kinder ihr Alltagswissen so wie Wissenschaftler erlangen. Letztere stellen abstrakte und kohärente Regelsysteme auf und sind insbesondere an kausalen Zusammenhängen interessiert. In anderen Worten: Sie denken sich verschiedenste Theorien aus, wie die Welt funktionieren könnte und schauen dann, ob sie Recht haben oder nicht. Eine Theorie hilft Wissenschaftlern genauso wie Kindern dabei, Erwartungen darüber zu bilden, was passiert, wenn man die Welt manipuliert. Wenn ich meine Hand öffne, sollte der Bauklotz runterfallen, weil alle Gegenstände auf den Boden fallen. Wenn ich meinen Spinatteller auf den Boden werfe, dann schaut Mama mich böse an, und so weiter.

Laut der Theorie-Theorie lernen Babys im Wesentlichen dadurch, dass sie Vorhersagen mit Hilfe ihrer Hypothesen machen und beobachten, ob sie damit richtig oder falsch liegen. Alle Beobachtungen, die sie in ihrem Leben machen, werden genutzt, um die Prognosequalität ihres Kausalmodells zu verbessern. Neue Daten werden dabei in Modelle eingespeist wie in einen Computer, der dann eine neue Theorie ausspuckt, sofern die alte versagt. Ist die neue Theorie besser, wird auf deren Basis fortan die Welt navigiert.

Die Theorie-Theorie kann mit Hilfe weniger Annahmen erklären, warum Menschen so schnell so viel lernen können. Sie gibt uns sozusagen einen Algorithmus zur Hand, der den Wissenserwerb des Kindes steuert. Die Theorie-Theorie ist – wie jede Theorie – eine Momentaufnahme. Wissenschaft kann man ja gut definieren als »den derzeitigen Stand des Irrtums«. Aber es scheint, als erkläre die Theorie-Theorie die kognitive Entwicklung kleiner Kinder zum heutigen Stand ganz gut. Sie beinhaltet aber auch, dass wir an ihr selbst lediglich solange festhalten, bis wir die Welt besser erklären können – sie sagt im Prinzip schon voraus, dass sie eines Tages ersetzt werden wird, wenn wir bessere Daten haben.

Ausgangspunkt der Theorie ist der Glaube daran, dass es in der Welt eine ganz bestimmte, entdeckbare Ordnung gibt. Alison Gopnik spricht von einem Netzwerk echter kausaler Beziehungen. Die Annahme ist also: Es ist nicht alles Chaos und Zufall in der Welt. Es gibt Naturgesetze und soziale Gesetze, die entdeckbar sind. Ich denke, dies ist eine gute Annahme, um als Mensch in der Welt zu handeln. Nehmen wir die Schwerkraft als Beispiel. Wenn meine Theorie lautet, dass Gegenstände mit positiver Masse durch die Schwerkraft der Erde auf den Boden gezogen werden, mit konstanter Beschleunigung, und so weiter, dann ermöglicht mir meine Theorie der Schwerkraft, Vorhersagen zu machen. Implikationen dieser Vorhersagen sind etwa: Halt dein Eis gut fest! Oder aber wichtiger: Geh keinen Schritt weiter, wenn du an der Klippe stehst!

Eine Implikation der Theorie-Theorie ist, dass wir Menschen von Tag eins an Theorien testen. Und wie werden Theorien auf Richtigkeit überprüft? Durch Experimente und empirische Untersuchungen. Unter Empirie versteht man das Wissen, das man aus Erfahrung gewonnen hat. Die Theorie-Theorie besagt nun, dass wir durch zusätzliche empirische Erkenntnis, die zum Beispiel aus eigenen Experimenten stammen mag, oder auch aus Beobachtung, Erzählung oder anderer Quelle, unsere Hypothesen ständig verwerfen und anpassen, bis unsere Vorstellung dem entspricht, was in der Natur tatsächlich passiert. Das nennen wir dann Wahrheit.

Die Metapher, dass Babys wie Wissenschaftler lernen, liegt dieser Theorie zugrunde. Die epistemologischen Grundlagen des Wissenserwerbs von Baby und Wissenschaftler sind nahezu identisch. Und wie echte Wissenschaftler führen Babys Experimente durch, um durch neue Daten zu neuer Erkenntnis zu gelangen. Sie untersuchen förmlich statistische Gesetzmäßigkeiten und schauen auf die Ergebnisse anderer, um die Welt besser zu verstehen und darauf basierend Vorhersagen zu machen.

Die Tatsache, dass es Wahrheit gibt, macht es wahrscheinlicher, bestimmte Hinweise aus der externen Welt zu erhalten. Wenn es wahr ist, dass es aus den Wolken regnet, sollte ich bei bewölktem Himmel öfter nass werden als bei blauem Himmel. Die Kausalstruktur der Welt wird im Geist des Menschen mathematisch abgebildet. Dies können kausale Karten, Graphen oder andere mathematische Repräsentationen sein.

Wir lernen, indem wir kausale Theorien haben und diese durch unsere Erfahrung updaten oder verwerfen. Bejahende Hinweise aus der externen Welt machen die Theorie stärker, stetige Falsifikation der Hypothese sorgt dafür, dass sie verworfen wird und eine neue Theorie her muss. Genau dies ist im Kern wissenschaftliche Arbeit. Das hört sich einfach an, aber hierzu braucht es komplexe Rechenkapazitäten. Babys müssen mit Statistiken umgehen, die Qualität der Daten einschätzen und in der Lage sein, Hypothesen aufzustellen und zu hinterfragen. Selbstverständlich erfolgt dies nicht bewusst. Babys führen kein echtes Labortagebuch, in dem sie akribisch notieren, in welchem Stadium sich ihre endlosen Theorien von der physikalischen, biologischen oder psychologischen Welt gerade befinden. Aus den Theorien im Kopf machen Babys dann implizit Vorhersagen, die ihr Bild der Welt ergeben. Wir sind von Geburt an mit einem Algorithmus ausgestattet, der uns hilft, Daten zu verarbeiten und erste Interpretationen zu tätigen. Die externe Welt gibt uns empirische Daten, unsere Theorien zu verfeinern, anzupassen oder zu verwerfen.

Laura Schulz, Entwicklungspsychologin am MIT in den USA, hat versucht, eine Liste zusammenzustellen, welche die einzelnen Fähigkeiten des wissenschaftlichen Arbeitens beschreibt.[39] Sie kam auf folgende Aspekte: Zunächst einmal schaffen es Wissenschaftler, korrekte Schlussfolgerungen aus statistischen Daten zu ziehen. Zweitens haben sie verschiedene Theorien, welche ihnen helfen, aus statistischen Hinweisen der externen Welt kohärente, also zusammenhängende Strukturen zu erkennen, die Vorhersagen ermöglichen. Drittens schließen sie durch Anomalien auf weitere, bisher unbekannte Einflussvariablen, die sich (noch) nicht beobachten lassen. Viertens prüfen sie, ob Hinweise durch Störfaktoren (d. h. weitere Faktoren, die Grund für ein gewisses Ergebnis sein könnten) beeinflusst sind, um zu verstehen, warum überraschende Daten zustande gekommen sind. Fünftens isolieren sie potenzielle Ursachen für die Dinge in der Welt, die sie dann in Experimenten testen. Guckt Papa tatsächlich böse, sobald das Käsebrot durch die Luft fliegt? Sechstens gelingt es ihnen, Generalisierung vorsichtig zu gestalten, je nachdem, wie Daten zu Stande gekommen sind. Sie erkennen etwa, dass wenn Daten nicht zufällig aus einer Grundgesamtheit erhoben sind, diese mit Vorsicht zu genießen sind und sie sich vermutlich nicht dazu eignen, generelle Theorien zu entwickeln. Siebtens entscheiden sie, wann sie anderen vertrauen und wann sie selbst tätig werden, um Dinge gründlich zu erforschen. Denn wissenschaftliches Arbeiten ist eben auch eine soziale, kooperative Angelegenheit. Das Rad muss nicht immer neu erfunden werden. Eine auf dieser Liste nicht genannte Eigenschaft ist die Fähigkeit zur Logik. Ohne diese wäre es nicht möglich, irgendeine andere wissenschaftliche Tätigkeit auszuführen. Logik ist die Grundlage aller anderen Elemente des wissenschaftlichen Arbeitens. Der Beweis, dass Babys wie Wissenschaftler lernen, lässt sich führen, indem man zunächst einmal darlegt, dass Babys ebendiese Fähigkeiten beherrschen.

Babys und die Fähigkeit zur Logik

Erfolgreiche Wissenschaft benötigt die Fähigkeit zur genauen und richtigen logischen Schlussfolgerung. Logik gilt somit als eine der Vorbedingungen wissenschaftlicher Tätigkeit[40]. Der Begriff bedeutet »vernünftiges Schlussfolgern«. Aus der Prämisse »Säugetiere legen keine Eier« und der Beobachtung »Elefanten sind Säugetiere« folgt: »Elefanten legen keine Eier«. Das wäre eine klassische logische Aussage. Problematisch wird es im folgenden Fall: »Säugetiere legen keine Eier« und »Schnabeltiere sind Säugetiere« führt nicht zu »Schnabeltiere legen keine Eier«. Aber manchmal trickst uns die Natur eben aus. Naturforscher hielten es 1798, als das Schnabeltier entdeckt wurde, tatsächlich für einen Scherz und eine Laune von Mutter Natur. Ein Tier mit Pelz, das Eier legt, seine Jungen säugt und einen Schnabel wie eine Ente hat. Haha! Dies ist jedoch kein Problem, denn hier ist nicht die Logik kaputt, sondern die Prämisse schlichtweg falsch. Nicht alle Säugetiere legen keine Eier. Aber wie man so schön sagt: Ausnahmen bestätigen die Regel. Die Kunst besteht darin, die Ausnahme als solche zu erkennen oder gegebenenfalls die Prämissen zu ändern. Tatsächlich ist Wissenschaft auch häufig ein Hinterfragen der Grundannahmen. Eine der genialsten Momente Albert Einsteins war das Hinterfragen der Annahme, dass Zeit etwas Absolutes ist. Zeit ist absolut, hatte Isaac Newton geschrieben und die Physiker vor Albert Einstein hinterfragten diese »Wahrheit« nicht. Ohne dieses Hinterfragen hätte auch die beste Logik nicht zu der Relativitätstheorie geführt.

Wenn man behauptet, dass Babys wie Wissenschaftler forschen, ist man (logischerweise) den Beweis schuldig, dass Babys bereits zur Logik fähig sind. Bereits 1985 erschien ein Buch, das an den Grundfesten des damaligen Standes der Wissenschaft riss. Als Susan Carey ihr Werk *Conceptual Change in Childhood* publizierte[41], konnte man noch nicht ahnen, welchen Einfluss ihre Gedanken haben würden. Carey beschrieb, dass die Fähigkeit zum logischen Schlussfolgern tief in unserer evolutorischen Entwicklung verwurzelt sei. Sie spekulierte, dass bereits junge Kinder durch intuitive Theorien schlussfolgern würden, in einer ähnlichen Weise, wie professionelle Forscher dies tun. Dies steht im Gegensatz zu vielem, was wir bis dahin für möglich gehalten haben. Schon Aristoteles behauptete, dass die Logik kognitiv aufwendig, bewusst und vor allem sprachbasiert sei. In seinem Werk *Rhetorik* beschreibt er dies eindrucksvoll: Ohne Sprache keine Logik.

Wenn dies stimmen sollte, wäre es natürlich unmöglich, dass Kinder, bevor sie sprechen oder Sprache verstehen können, die Fähigkeit haben könnten, logische Schlüsse zu ziehen. Ihnen würde eine der Grundvoraussetzungen fehlen, Wissenschaft zu betreiben. Nicoló Cesana-Arlotti, ein Entwicklungspsychologe der Central European University in Budapest, brachte mit seinem Team erst kürzlich den Nachweis, dass bereits Babys im Alter von 12 und 19 Monaten logische Schlüsse ziehen können – präverbale Kinder.[42] Sie nutzten dabei ebenjene Methode, die Robert Fantz 50 Jahre zuvor entdeckte, und mit Hilfe derer man das Problem umschiffen kann, dass Babys noch nicht sprechen können. Einblicke in die Logik der ganz Kleinen verdanken wir also derjenigen Methode, die die Entwicklungspsychologie und die Kognitionswissenschaften bis heute nachhaltig geprägt hat.

Man kann Babys »in den Kopf schauen«, indem man genauestens studiert, wie lange sie wohin schauen. Nicoló Cesana-Arlotti und sein Team machten sich dies zu Nutze. Sie programmierten eine Software, das 12- und 19-monatigen Babys eine Blume (Objekt A) oder einen Dinosaurier (Objekt B) zeigte. Die Blütenblätter und die Schuppen des Dinosauriers sahen dabei identisch aus. Das Computerprogramm ließ die Objekte in einer Art Becher verschwinden, sodass nur noch die Spitzen hervorlugten und man nicht erkennen konnte, ob es sich um die Blütenblätter oder die Schuppen des Dinosauriers handelte. Das Forschungsteam nutzte dieses Programm, um zu testen, ob Babys bereits in der Lage sind, disjunktive Logik zu beherrschen. Also: Wenn A, dann nicht B, wenn nicht A, dann B und so weiter. Konkret: Wenn aus dem einen Becher der Dinosaurier auftaucht, sollte logischerweise aus dem anderen Becher die Blume auftauchen, oder umgekehrt. Dieser Prozess der Elimination ist zentral für wissenschaftlichen Erkenntnisgewinn.[43]

Cesana-Arlotti und seine Kollegen konnten zeigen, dass Babys beider Altersgruppen die unlogische Alternative länger als die logische Alternative betrachteten, was den Schluss nahelegt, dass grundlegende Verletzungen logischer Regeln Verwunderung gestiftet haben. Verschwinden ein Dinosaurier und eine Blume im Becher, und es tauchen auf einmal zwei identische Objekte auf, zum Beispiel zwei Blumen, reagieren Babys darauf mit Verwunderung – es kann logischerweise nicht sein. In verschiedenen Folgeexperimenten, die auf ähnlichen Methoden basierten, versuchten die Forscher, die Logik-Erklärung zu bestätigen und andere, plausible Alternativerklärungen auszuschalten. Die unterschiedliche Blickdauer mag ja ebenso aus anderen Gründen aufgetreten sein, etwa einer Präferenz für ein bestimmtes Objekt.

Neben der Erkenntnis von Robert Fantz nutzten die Forscher auch eine neuere Technologie, um in den Kopf der Babys zu schauen. Sie maßen die Pupillenausdehnung und konnten zeigen, dass sich just in dem Moment der logischen Inferenz, also dem Erkenntnisgewinn aus der logischen Schlussfolgerung, die Pupillen der Babys weiteten, ein Hinweis auf verstärkte kognitive Aktivität. Die Ergebnisse legten erstmals nahe, dass Sprache nicht die Ursache von Logik sein muss. Es könnte vielmehr einen angeborenen oder sehr früh erlernten Sinn für Logik geben. Auf diesem basieren die ersten wissenschaftlichen Experimente unserer Kinder. Das bedeutet natürlich nicht, dass sämtliche Logik angeboren ist, es zeigt lediglich, dass ein gewisser Sinn für Logik schon sehr früh in der Ontogenese des Menschen nachweisbar ist.

Babys als kleine Statistiker

In der Psychologie gab es in den vergangenen Jahren eine sehr interessante Debatte um die Gültigkeit von *Stichproben*. Denn diese bestehen nur aus einer bestimmten Auswahl an Probanden, die stellvertretend für die *Grundgesamtheit*, in dem Fall die Menschheit, stehen sollen. Joseph Henrich ist ein Anthropologe der Harvard University und kritisierte, dass Psychologen ihre Forschung lediglich an solchen Menschen durchführen, die **WEIRD** seien – zu Deutsch: komisch. WEIRD ist in diesem Fall keine Beleidigung der Probanden, sondern ein Akronym, gebildet aus den folgenden Eigenschaften: **W**estern, **E**ducated, **I**ndustrialized, **R**ich, **D**eveloped.[44] Und in der Tat, Analysen der psychologischen Fachzeitschriften zeigen, dass 96 Prozent aller Studienteilnehmer tatsächlich WEIRD sind. In praktisch keinem Artikel, der zur Studie publiziert wird, steht dann aber als Überschrift etwas wie »Westliche, gebildete (...) Leute machen dies und das«. Stattdessen lautet die sehr generalisierende Überschrift beispielsweise: »Die Gesetzmäßigkeit XY beim Menschen wurde erfolgreich demonstriert«.[45] Die Gretchenfrage lautet: Bilden Leute, die WEIRD sind, eine Stichprobe, die zulässige Aussagen auf die Grundgesamtheit, sprich, alle Menschen, zulässt, oder gelten die Erkenntnisse der Psychologie nur für ebendiese selektive Grundgesamtheit? Dies ist ein Urteil, das psychologische Forscher fällen müssen. Können wir anhand einer selektiven Gruppe einen Einblick in die Psychologie aller Menschen gewinnen? Handelt es sich bei einem psychologischen Befund um eine menschliche Universalie, sollte dies in der Tat kein Problem sein. Ist der Befund aber durch die spezifische Kultur beeinflusst, wäre eine Generalisierung problematisch. Die Tatsache, dass dies eine derzeit laufende Debatte in der Psychologie ist, zeigt, dass es ein zentrales Problem des wissenschaftlichen Arbeitens darstellt.

Hyowon Gweon, Joshua Tenenbaum und Laura Schulz widmeten sich der Frage, ob Babys im Alter von etwa 15 Monaten bereits über die Fähigkeit verfügen, derartige Überlegungen anzustellen.[46] Mit anderen Worten: Hantieren 15-Monatige bereits gekonnt mit statistischen Eigenschaften von Stichproben? Erkennen sie, ob man von einer bestimmten Stichprobe zuverlässig auf die Grundgesamtheit schließen kann? Andere Wissenschaftler zeigten beispielsweise, dass Babys im Alter von ungefähr neun Monaten in der Lage sind, versteckte Eigenschaften eines Objekts verallgemeinernd auf andere Objekte zu übertragen.[47] Das bedeutet: Treibt zum Beispiel ein Quietscheentchen auf dem Badewasser, bilden Babys die Erwartung, dass andere Quietscheentchen auch auf dem Wasser schwimmen können. Ist der neue Gegenstand jedoch radikal anders zum Quietscheentchen (z. B. ein Kochlöffel), bilden sie diese Erwartung nicht.

Gweon und ihre Kollegen machten sich daran, in einer Reihe von Experimenten zu erforschen, ob es im Schnitt 15-monatigen Kindern gelingen würde, sowohl über Stichproben zu urteilen als auch auf die Frage eine Antwort zu wissen, ob diese zufällig gezogen wurden – eine weitere elementare Voraussetzung, um statistisch vernünftige Aussagen machen zu können. Die jüngsten Babys in der Studie waren 13 Monate und die ältesten 18 Monate alt. Sie alle wurden nacheinander vor eine Box gesetzt, auf dem Schoß einer engen Bezugsperson, meist der Mutter. Die Kiste maß 30 x 45 x 30 cm und hatte eine gläserne Seite, sodass das jeweilige Baby hineinschauen konnte. Das Forscherteam befüllte die Box entweder mit zwölf blauen und vier gelben Bällen oder mit zwölf gelben und vier blauen. Die blauen und gelben Bälle waren sich grundsätzlich ähnlich, aber die gelben hatten zusätzlich einen Stab, sodass man mit ihnen wunderbar hämmern konnte. Mit den blauen Bällen konnte man einen quietschenden Ton erzeugen, wenn man sie eindrückte. Gelbe Bälle quietschten nicht.

Alle Babys nahmen getrennt voneinander an einer Reihe von Experimenten teil. Die Experimentleiterin lenkte zunächst die Aufmerksamkeit der kleinen Probanden auf die Box, indem sie diese von einem schwarzen Tuch befreite. Dann fischte sie eine Reihe von blauen Bällen aus der Kiste, erzeugte einen Quietschton mit ihnen und legte sie zur Seite. Danach holte sie einen gelben Ball mit Stiel aus der Box, gab ihn dem Baby und forderte es auf, damit zu spielen. Sobald das Baby nach dem Ball griff, durfte es für 30 Sekunden damit spielen. Die für die Forschung wichtige Frage war: Was machten die kleinen Versuchsteilnehmer mit dem gelben Ball während dieser 30 Sekunden? Für jedes Baby wurde ein Video aufgenommen. Die möglichen Verhaltensweisen des Babys waren das Hämmern mit dem Ball am Stiel oder der Versuch, diesen zum Quietschen zu bringen. Die Forschungsfrage für alle verschiedenen Varianten des Experiments war die gleiche: Generalisierten die Kinder, dass alle Bälle quietschten und dachten daher, dass auch die gelben Bälle dies tun würden?

Aber warum lässt sich durch dieses Experiment feststellen, ob Babys dem Wissenschaftler ähnlich sind? Erinnern wir uns, dass die Box unterschiedlich gefüllt wurde. Es waren entweder viel mehr gelbe Bälle (12:4) oder viel mehr blaue Bälle

(12:4) in der Box. Wenn man scheinbar zufällig zieht, sollte man aus der Box eher gelbe beziehungsweise blaue Bälle ziehen, je nachdem, ob diese in der Mehrheit sind. Die Kernforschungsfrage des Teams lautete: Sind Babys in der Lage, die Qualität der Stichprobenziehung (d. h. den Sampling Prozess) adäquat zu beurteilen und daher akkurate Schlussfolgerungen über die Charakteristika des Balles zu ziehen? Wissenschaftler haben eine ganz ähnliche Aufgabe. Sie müssen entweder dafür sorgen, dass sie vernünftige Stichproben ziehen oder in ihrer Urteilsbildung hinreichend berücksichtigen, dass die Stichprobe nicht ideal war. In diesem Fall sollte man eher vorsichtige Schlüsse ziehen.

Dieses Problem wird verstärkt, wenn es unklar ist, wie die Stichprobe zustande kommt, wie so häufig im sozialen Kontext. Gweon und ihre Kollegen fassen das so zusammen: Wenn ein Kind seine Mutter dabei beobachtet, dass sie ein paar blaue Spielsachen aus einer Kiste mit blauen und gelben Spielsachen zieht und dann beobachtet, dass alle blauen Spielsachen quietschen können, mag es sich denken: Quietschen alle Spielsachen, oder nur die blauen? Es ist schwierig, dies basierend auf der Entscheidung der Mutter zu beurteilen, die lediglich blaue Spielsachen herausholt. Das Kind muss darüber urteilen, ob das Verhalten der Mutter zufällig war oder dem Ziel diente, quietschende Spielsachen zu präsentieren.

In dem Experiment zeigte sich, dass die Babys sich sehr unterschiedlich verhielten, je nachdem, in welcher experimentellen Bedingung sie steckten. Wenn die Versuchsleiterin drei blaue Bälle aus einer mehrheitlich gelben Kiste herausfischte und damit quietschte, versuchten die Babys mit sehr viel höherer Wahrscheinlichkeit, mit dem anschließend gezogenen gelben Ball ebenfalls zu quietschen. Sie vermuteten, dass die Versuchsleiterin gezielt quietschende Bälle gezogen hatte. Es ist statistisch schlicht unwahrscheinlich, aus einer Box mit mehrheitlich gelben Bällen dreimal hintereinander zufällig einen blauen zu ziehen und anschließend einen gelben. Es kann fast nur sein, dass die Versuchsleiterin mit Absicht quietschende Bälle zieht. Der erste Gedanke des Babys beim Versuch, mit dem gelben Ball zu spielen, ist also: Der quietscht bestimmt. Wenn die Versuchsleiterin jedoch dreimal hintereinander blaue Bälle aus einer mehrheitlich blauen Kiste zieht, spricht dies nicht dafür, dass sie aktiv quietschende Bälle sucht. Die Verhaltensreaktion der Babys auf einen gelben Ball war also: hämmern!

Das Experiment zeigt auf beeindruckende Weise, wie im Schnitt 15-monatige Babys mit derlei statistischer Information umgehen. Dies wird umso beeindruckender, wenn man die Folgeexperimente anschaut. Wählt die Versuchsleiterin nicht drei blaue Bälle hintereinander, sondern lediglich einen blauen Ball und quietscht damit, ist das keine so starke statistische Anomalie – selbst wenn die Kiste mehrheitlich gelbe Bälle beinhaltet. In diesem Fall schlossen die Babys nicht daraus, dass auch der gelbe Ball quietschen wird. Sie hämmerten munter drauf los. In weiteren Folgeexperimenten wurde den Babys explizit gezeigt, dass es sich um eine Zufallsstichprobe handelte. Die Versuchsleiterin schüttelte die Box und stellte sie auf den Kopf, sodass ein Ball »zufällig« rausfiel. Natürlich war das Experiment so manipuliert, dass drei blaue Bälle hintereinander rausfielen – aber es konnte offensichtlich keinesfalls an der aktiven Entscheidung der Versuchsleiterin liegen. Dies reichte schon, um eine andere, ebenfalls statistisch sinnvolle, Verhaltensreaktion beim Baby auszulösen.

Die Ergebnisse zeigen, dass Babys bereits im Alter von

15 Monaten in der Lage sind, mit statistischer Information kompetent umzugehen. Sie verfügen über die Fähigkeit, wie ein fortgeschrittener Wissenschaftler darüber zu urteilen, ob eine Beobachtung basierend auf einer »sinnvollen« Stichprobe getroffen ist.

Was lernen wir daraus? Kinder beherrschen schon im Alter von etwa einem Jahr die Fähigkeit, statistische Irregularitäten wie verzerrtes Sampling zu berücksichtigen, sie verhalten sich also wie richtige kleine Wissenschaftler. Die Ergebnisse zeigen eine wichtige Voraussetzung für effektives Lernen: Akkurates statistisches Schließen ermöglicht rapides Lernen und Vorhersagen darüber, welche Gesetzmäßigkeiten in der Welt gelten.

»Es irrt der Mensch, solang' er strebt«

Johann Wolfgang von Goethe ist den meisten als Deutschlands vielleicht bedeutendster Dichter bekannt. Als Mitglied der Berliner Akademie der Wissenschaften war er aber darüber hinaus sehr am Erkenntnisfortschritt interessiert. Gegen Ende des 18. Jahrhunderts widmete er sich intensiv dem wissenschaftlichen Diskurs. Ihn verband beispielsweise eine innige Freundschaft mit dem Naturforscher Alexander von Humboldt. Der Mai 1797 war geprägt durch Treffen zwischen Friedrich Schiller, Alexander und Wilhelm von Humboldt und Johann Wolfgang von Goethe.[48] Man traf sich häufig in Schillers Gartenhaus in Jena und diskutierte elementare Fragen der Wissenschaft und der Künste. Alexander von Humboldt und Johann Wolfgang von Goethe beeinflussten sich dabei gegenseitig. Sie verwarfen den bis dahin vorherrschenden Antagonismus zwischen Wissenschaft und Künsten. Für beide hatte die Natur etwas derart Ästhetisches, dass Kunst und Naturwissenschaft zwei Seiten der gleichen Medaille waren. Die Gespräche der vier im Mai 1797 prägten die Arbeit der jeweilig anderen in großem Maße. Für Alexander von Humboldt war die Schönheit der Natur eine Kernmotivation. Natur musste für ihn »erfahrbar« sein.

In den Gesprächen der vier ging es auch um die »Kernfrage«, die schon von Platon, Locke oder Leibniz thematisiert worden war: Rationalismus oder Empirismus? Die Rationalisten argumentieren, dass sämtliches Wissen aus dem rationalen Denken komme und daher dem Menschen in die Wiege gelegt sei. Den Empiristen zufolge kommt der Mensch als unbeschriebenes Blatt in die Welt, und das Wissen entsteht aus dem empirischen Sammeln von Fakten. Etwa zeitgleich zu den Debatten beim Nachmittagskaffee breiteten sich die Gedanken des Philosophen Immanuel Kant in Europa aus. In seiner *Kritik der reinen Vernunft* bezog er eine Position zwischen den Rationalisten und den Empiristen, die auch die »Erfahrbarkeitsthese« im Sinne Humboldts prägte.

Man kann die Debatten in den Hauptwerken der vier berühmten Freunde bis heute erkennen. Heinrich Faust, der Protagonist in Goethes wichtigstem Werk, ist wie Humboldt ein ruheloser Wissenschaftler. Er ist auf der Suche nach dem, »was die Welt im Innersten zusammenhält« und lässt sich auf den Pakt mit dem Teufel ein. Wie sollten wir über Doktor Faust urteilen? Verurteilen wir ihn, da er sich bei seinem Streben nach Erkenntnis auf den Teufel einlässt, oder ist es bei aller Verwerflichkeit doch nachvollziehbar? In *Der Tragödie zweiter Teil* verkünden schließlich drei Engel das Urteil des Herrn: »Wer immer strebend sich bemüht, dem können wir vergeben«. Goethe lässt die Engel also argumentieren, dass das Streben an sich zum himmlischen Lohn führe, eine in Gänze wissenschaftsfreundliche Auffassung: Das Streben nach Wissen ist gottgewollt, sogar der schmutzige Deal mit dem Teufel wird verziehen.

Aber wie sammelt man am besten neues Wissen? Was ist die Alternative zum diabolischen Pakt? Der Wissenschaftstheoretiker Karl Popper erdachte hierzu einen Königsweg, den der »Falsifizierung«. Eine Theorie muss widerlegbar sein, und man muss sich darüber im Klaren sein, wo man falsch lag. Es reicht nicht zu wissen, was man richtig gemacht hat.

Lernen durch Falsifizierung führt zu neuer Erkenntnis, und so ist es heute gängige Wissenschaftspraxis, dass eine Theorie falsifizierbar sein muss. Zum Beispiel: Alle Schwäne sind weiß. Diese Theorie ist falsifiziert, wenn man einen einzigen schwarzen Schwan entdeckt. Die Theorie »es gibt Kinder, die niemals Spinat essen« ist hingegen nicht falsifizierbar. Es ist unmöglich, alle Kinder der Welt ihr ganzes Leben lang zu beobachten, um zu verifizieren, ob sie tatsächlich niemals Spinat essen. Ein spinatessendes Kind ist in diesem Fall keine Falsifikation der Theorie, da die Theorie ja nicht besagt, dass es keine Kinder gibt, die manchmal Spinat essen, sondern dass es Kinder gibt, die niemals Spinat essen.

Wenn also eine Theorie versagt, ist es essenziell zu erkennen, woran es gelegen hat. Es stellt eine der wissenschaftlichen Kernkompetenzen dar, die Gründe für das Nicht-Funktionieren herauszufinden. »Liegt das an mir oder an der Umwelt?« ist also eine sehr zentrale Frage, um überhaupt Wissenschaft betreiben zu können. Wie in Goethes Faust verzeiht der Herr im Himmel gerne Fehler im Streben nach Erkenntnis, aber eine adäquate Einschätzung der eigenen Fehler hilft enorm beim Erkenntnisgewinn.

Hyowon Gweon und Laura Schulz erforschten am Massachusetts Institute of Technology die Frage, ob Kinder im Alter von 16 Monaten diese Fähigkeit bereits besitzen.[49] Die Antwort lautet: Ja, tun sie. Die beiden Forscherinnen luden dazu 16-monatige Babys gemeinsam mit ihren primären Bezugspersonen in ein Labor ein und ließen sie an zwei sehr eleganten Experimenten teilnehmen. Im ersten wurden die Babys neben ihre Bezugsperson gesetzt. Ihnen wurden einige Spielzeuge gezeigt, die sich ganz offensichtlich in ihrer Farbe unterschieden. Sie waren entweder grün, gelb oder rot. Die Experimentleiterin drückte unter Beobachtung des Babys einen Knopf auf dem grünen Gegenstand, woraufhin dieser Musik spielte. Anschließend legte sie das grüne Spielzeug auf ein kleines Tischtuch und gab dem Kind entweder das rote oder das gelbe zur Hand. Alle Kinder drückten anschließend den Knopf, um die Musik in Gang zu setzen. Bei keinem der Kinder funktionierte dies jedoch – was von der Experimentleiterin beabsichtigt war.

Die Kernfrage des Experiments war: Was würden die Babys tun? Sie mussten blitzschnell entscheiden, ob es nun an ihnen selbst lag, dass die Musik nicht spielte, oder aber, ob irgendetwas mit dem Spielgegenstand nicht stimmte. Wie stark ist die Evidenz für die eine Möglichkeit (dem Baby fehlt die Fähigkeit) oder die andere (das Spielzeug ist kaputt)? Im Falle, dass die Babys das gelbe Spielzeug in die Hand gedrückt bekamen, ist erst einmal keine der beiden Hypothesen plausibler. Die Versuchsleiterin hatte schließlich auf das grüne Spielzeug gedrückt, nicht auf das rote oder gelbe. Nun konnte es sein, dass das Baby nicht stark genug gedrückt hatte, oder aber, dass das Spielzeug just im Moment der Übergabe irgendeinen Defekt entwickelt hatte. Die dominante Reaktion der Babys war, das Objekt zu tauschen. Sie streckten sich nach dem Tuch und holten das grüne Spielzeug, um zu versuchen, ob wenigstens dieses Musik spielte. Die Babys interpretierten die Situation also wie folgt: Es liegt am gelben bzw. roten Spielzeug, nicht an mir.

In der anderen experimentellen Bedingung übergab die Versuchsleiterin den Babys das grüne Spielzeug, das soeben noch Musik gespielt hatte. Auf den nicht-erfolgreichen Versuch folgte eine gänzlich andere Reaktion. Sie neigten sich zu ihrer Bezugsperson und gaben ihr das grüne Spielzeug: *Mama, ich kann das nicht, kannst du die Musik starten?* Es zeigt sich also, dass Babys aufgrund minimaler Unterschiede in der Wahrscheinlichkeit, was die Ursache des Problems sein könnte, ihren Schluss ziehen, was der nächste sinnvolle Schritt dafür sein kann, das Spielzeug in Gang zu setzen. Weitere Experimente, die einige Alternativerklärungen für den Effekt ausschlossen, brachten hier den Nachweis, das Babys von nicht einmal eineinhalb Jahren nuancierte statistische Daten nutzen, um kausale Attributionen, also die akkurate Zuschreibung von Ursachen, in Bezug auf das eigene Können oder die Funktionsweise der Umwelt vornehmen können – eine weitere Kernkompetenz des wissenschaftlichen Arbeitens.

Nun stellt sich jedoch die Frage, ob es so etwas wie eine absolute Wahrheit überhaupt gibt? Gibt es tatsächlich Ursachen in der Welt, die einen verstehbaren Effekt produzieren, oder ist alles nur Zufall? Wenn alles nur Zufall wäre, bräuchten wir keine Suche nach einem *Warum*.

Gott würfelt nicht, oder doch?

Pierre Simon Laplace war ein französischer Mathematiker und Physiker, der sich unter anderem intensiv mit der Wahrscheinlichkeitstheorie beschäftigte. In seinem Werk *Essai philosophique sur les probabilités* von 1814 entwarf er das Bild einer Intelligenz, die unter Kenntnis aller Naturgesetze und Zustände im Universum die gesamte Zukunft erklären könnte. Diese Intelligenz wird heute üblicherweise als Laplacescher Dämon bezeichnet und bildet die Metapher für einen extremen Determinismus. Als deterministisch bezeichnen wir ein System, dass sich vollständig durch bekannte oder unbekannte Gesetze verstehen lässt. Voraussagen über die Zukunft sind folglich mit Sicherheit möglich, sofern einem diese Gesetze sowie der Urzustand bekannt sind. Bezogen auf unsere Welt kann dies bedeuten: Wenn die physikalischen Gesetze für die gesamte irdische Materie gelten, muss alles – auch das Verhalten und das Denken der Menschen – durch diese physikalischen Gesetze verstehbar, erklärbar und daher vorhersehbar sein. Laplace schreibt: »Nichts wäre für sie [die Intelligenz] ungewiss, Zukunft und Vergangenheit lägen klar vor ihren Augen.«[50]

Auf dem heutigen Stand der Wissenschaft ist es nicht plausibel anzunehmen, dass sich die Welt vollständig erklären lässt, selbst wenn man alle Naturgesetze kennen würde und alle Anfangszustände zurückberechnen könnte. So zeigt etwa die Theorie chaotischer Systeme, dass selbst in komplett deterministischen Systemen Endzustände wahrscheinlichkeitsverteilt sind und sich daher nicht eindeutig vorhersagen lassen. Die Quantenmechanik zeigt uns ebenso – berühmterweise in der Heisenbergschen Unschärferelation -, dass es in unserer Welt wohl tatsächlich so etwas wie genuine Zufälle gibt und daher auch Scheinkorrelationen ohne kausalen Zusammenhang. Dies bedeutet: Die Welt ist also nicht strikt deterministisch. Einem vollkommenen Verständnis folgt nicht notwendigerweise eine vollkommene Vorhersehbarkeit. Aber was bedeutet dies fürs Wissen schaffen?

Die evolutionäre Forschung geht davon aus, dass der Glaube an Determinismus adaptiv ist, was bedeutet, dass die Evolution den Glauben an Kausalität geprägt (bzw. erhalten) hat trotz der Kosten, dass wir manchmal einer Scheinkorrelation aufsitzen. Denn der Glaube daran, dass Dinge versteckte, deterministische Ursachen haben, kann in hohem Maße als Motivation dienen, Dingen auf den Grund zu gehen. Als Beispiel dient die berühmte Aussage eines der größten Wissenschaftler, den die Welt je gesehen hat – Albert Einstein. Einstein versuchte, dem Zufall in der Quantenmechanik die Bedeutung zu nehmen und argumentierte berühmterweise: »Gott würfelt nicht.« Der Zufall sei lediglich eine Umschreibung der Tatsache, dass wir (noch) nicht alle Naturgesetze kennen. Die Physik kenne keinen Zufall. Dies solle uns motivieren, weiter nach Naturgesetzen zu suchen. Heute gilt Einsteins Ansicht durch diverse Experimente – beispielsweise in der Quantenoptik – als widerlegt, und Physiker wissen, dass es sehr wohl Zufälliges in der Physik gibt.

Aber wenn man den Glauben an das berühmte Statement Einsteins »Gott würfelt nicht« als breitere Metapher für wissenschaftlichen Erkenntnisdrang gelten lässt, hat diese Metapher durchaus sehr viel Sinn. Denn die Aussage, dass Gott nicht würfelt, zeigt uns, dass es für scheinbar zufällige Dinge eine deterministische, kausale Erklärung gibt. Dies kann dem Menschen helfen, Wissenschaft zu betreiben. Ein Wissenschaftler, der an keinerlei Kausalität glaubt, würde es wohl nicht schaffen, morgens aus dem Bett aufzustehen und forschen zu gehen.

In der Tat galten früher viele Dinge als »zufällig«, beziehungsweise aufgrund der Religiosität als »gottgegeben«, für die wir heute ganz eindeutige Naturgesetze haben und somit glasklare Vorhersagen machen können. Der Begründer der Bakteriologie Robert Koch etwa entdeckte 1882 das Tuberkulose-Bakterium, und die Menschheit kannte von nun an die kausale Ursache von Tuberkulose. Dies ermöglichte die Erforschung eines Medikaments, dass Robert Koch mit dem Tuberkulin einige Jahre später tatsächlich der Welt schenkte. Zwar war es letzten Endes nicht in der Lage, Tuberkulose zu heilen, aber es ist bis heute in der Diagnostik in Verwendung. Darüber hinaus ist das von Robert Koch gegründete Institut bis heute in der medizinischen Forschung aktiv. Ohne Kochs Glauben daran, dass es eine kausale Lösung für das Tuberkuloseproblem geben müsse (d. h. ein funktionierendes Medikament), würde es das Institut nicht geben. Schon zu Kochs Zeiten war es weltweit führend. Die Nobelpreise für Medizin und Physiologie, mit denen Emil Behring (1901), Robert Koch (1905) und Paul Ehrlich (1908) ausgezeichnet wurden, belegen eindrucksvoll die Besessenheit, mit der Forscher an kausale Zusammenhänge glauben und an ihre Fähigkeit, gezielt durch die Erforschung von Wirkstoffen kausal in die Natur einzugreifen.

Der (Irr-)Glaube daran, dass Dinge kausale Ursachen haben,

ist für den Wissenschaftler zentral. Die Frage, die sich stellt, ist, ob der Glaube an deterministische Beziehungen zwischen zwei zusammenhängenden Variablen etwas ist, das uns in die Kinderschuhe gelegt ist. Glauben Babys an Kausalität? Die Entwicklungspsychologie seit den 1980er-Jahren zeigt robuste Ergebnisse, dass es Kindern im Alter von etwa fünf Jahren regelmäßig gelingt, kausale Ursachen anzunehmen. In Studien, in denen Fünfjährige sich einem »Springteufel« gegenüber sehen, zeigt sich, dass die Kinder ganz gezielt nach Ursachen suchen, warum das Männchen aus der Kiste springt. Fünfjährige bestreiten konsequent, dass der Springteufel spontan, also ohne physikalische Ursache, aus der Kiste schnellt. Sie suchen nach Knöpfen, Batterien, Schnüren oder anderen möglichen Ursachen, die das Männchen aus der Kiste haben springen lassen.

Kausaler Determinismus könnte der Grund dafür sein, dass Kinder motiviert sind, Ursachen zu finden. Die Frage, die sich stellt, ist, ab wann Kinder implizit oder explizit davon ausgehen, dass scheinbar spontane Ereignisse eine kausale Ursache haben. Wie alt sind die jüngsten Kinder, bei denen kausaler Determinismus nachgewiesen wurde, und wie kann man dies belegen?

Nur der Glaube an deterministische Ursachen ermöglicht dem Menschen, Theorien mit Wahrheitsgehalt zu entwickeln. Sitzt man beispielsweise im Auto, hat man die Theorie, dass das Gaspedal rechts unten liegt. Man erfährt die Korrelation, dass eine Betätigung des Gaspedals manchmal (aber nicht immer) zur Beschleunigung des Autos führt. Der Glaube an eine Kausalität könnte Menschen dazu motivieren, die Motorhaube zu öffnen und diese mögliche Kausalität zu erforschen. Bei der Erforschung zeigt sich: Ja, das Treten des rechten Pedals im Auto führt zu Beschleunigung und zwar genau in den Fällen, in denen ein Gang eingelegt ist.

Die Forschung im Bereich der kindlichen Kausalitätserwartungen thematisiert unterschiedliche Aspekte. Zum einen existiert ein Literaturstrang, in dem gezeigt wird, dass Babys im Alter von fünf bis sechs Monaten davon ausgehen, dass Boxen, die sich ohne die Manipulation durch eine menschliche Hand bewegen, auch in der Lage sind, die Bewegungsrichtung zu ändern. Kurz gesagt: Babys gehen davon aus, dass es sich bei diesen Boxen um sich autonom bewegende Subjekte handelt.[51] Sie erwarten, dass die Ursache der Bewegung im Innenleben der Box liegt – es muss sich um ein selbstangetriebenes Objekt (=Subjekt) handeln.

Ähnliche Forschungen zeigen, dass Babys in diesem Alter davon ausgehen, dass scheinbar leblose Objekte, die sich spontan in diverse Richtungen bewegen können, zielgerichtetes Verhalten zeigen, wie sonst nur lebendige Dinge. Diese Babys nehmen also an, dass es sich bei diesen Dingen um so etwas wie ein *Lebewesen* handelt. Die Studien legen nahe, dass bereits in diesem Alter eine Kategorisierung von Dingen in »Subjekt« und »Objekt« stattfindet.

Zehn Monate alte Babys wiederum erwarten, dass sich ein bewegendes Objekt – im konkreten Experiment ein Bohnensäckchen – lediglich dadurch bewegt, dass ein Subjekt dieses in Bewegung gesetzt hat. Die Babys reagierten überrascht, wenn eine Hand auf der »falschen« Seite zum Vorschein kam, nämlich dort, *wohin* der Bohnensack geschubst wurde und nicht aus der Richtung, aus der dieser kam. Diese Überraschung war folglich nicht da, wenn die Hand auf der physikalisch logischen Seite zum Vorschein kam, von der aus der Bohnensack gestoßen wurde. Ebenso wenig schienen die Babys überrascht, wenn auf der falschen oder richtigen Seite ein weiteres Objekt – eine Spielzeugeisenbahn – zum Vorschein kam. Dies belegt, dass Babys unter einem Jahr bereits eine gewisse Form kausaler Erwartungen bilden können, diese aber häufig in Bezug zu Subjekten setzen. All diese Experimente sind zwar eindrucksvolle Nachweise kausaler Gedankengänge bei sehr jungen Babys, aber sie sind allesamt im Bereich der Bewegung angesiedelt. Darüber hinaus zeigen diese Experimente lediglich, dass die Babys überraschende kausale Ursachen komisch finden, aber sie zeigen noch nicht überzeugend, dass in Abwesenheit ebendieser Überraschung auch Kausalität erwartet wird.

Paul Muentener und Laura Schulz untersuchten daher, ob es echten kausalen Determinismus bereits im Alter von zwei Jahren gibt, und zwar bei abstrakteren Fragestellungen. In einer Reihe von Experimenten wurden zweijährige Kinder daher mit einem kausalen Ereignis konfrontiert, dem Erleuchten einer kleinen Box. Die Kleinkinder sahen sich einer von zwei möglichen Situationen gegenüber: Die Box wurde entweder für das Kind sichtbar durch die Versuchsleiterin erleuchtet oder scheinbar spontan und ohne erkennbare Ursache. Wenn das Licht offensichtlich durch den Knopf anging, sollten die Kinder nicht groß überrascht wirken. Die Ursache des Ereignisses passte wunderbar in das Vorwissen der Kinder. Ein Lichtschalter wird angeknipst, die Lampe geht an. Sofern die Ursache jedoch nicht klar ersichtlich war, sollten die Kinder durch den Glauben an kausalen Determinismus motiviert sein, die Ursache des Leuchtens zu erforschen. Genau dies taten die kleinen Probanden. Sie suchten aktiv nach der Ursache, vermutlich, weil sie nicht akzeptieren wollten, dass etwas keine Ursache haben und einfach so passieren sollte.

Laura Schulz und Jessica Sommerville untersuchten in einer

weiteren Reihe von Experimenten bei Vierjährigen Kindergartenkindern, ob diese kausal deterministisch agierten. Hatten sie den gleichen Glauben wie Albert Einstein, der der Meinung gewesen war, dass unbeobachtbaren Dingen sicherlich eine deterministische Erklärung – ein Naturgesetz – unterlag? Oder sind kleine Kinder von Anfang an der Meinung, dass vieles rein zufällig passiert? Hierzu präsentierten die Forscherinnen den Kindern eine kleine Maschine, die scheinbar zufällig eine Lampe in einer Box zum Leuchten brachte. Die Vierjährigen kauften den Forscherinnen regelmäßig nicht ab, dass die Maschine nur zufällig leuchtete. Sie schlossen vielmehr auf irgendeine versteckte, deterministische Ursache, die es zu ergründen galt. In weiteren Experimenten zeigten die Forscherinnen, dass dieser Glaube recht robust war.

Eines nachts, als mein großer Sohn, damals im Alter von etwa 10 Monaten nicht schlafen konnte, konnte ich diesen Glauben an Kausalität genauestens studieren. Es war zu einem Zeitpunkt, als er schon gerne die Lichtschalter bedient hat. Weil es langsam Herbst wurde, hatten wir die Solarleuchten vom Balkon ins Wohnzimmer geräumt. Ein Ausschalten der Wohnzimmerleuchte bedeutete daher auch immer gleichzeitig das Einschalten des Solarlichts. Es gab also eine unsichtbare Verbindung von Lichtschalter zum Licht. Genau dann, wenn es dunkel war, leuchtete die Solarleuchte. Wurde der Lichtschalter eingeschaltet, ging die Solarleuchte aus. Nach gefühlt hunderten Versuchen schlief mein Sohn wieder ein, wissend dass er mit dem Lichtschalter die Solarleuchte »bedienen« kann. Umso größer war die Verwunderung, dass diese Fähigkeit am nächsten Morgen nicht mehr da war – der Lichtschalter änderte nun nichts mehr an der Helligkeit des Raumes.

Was bis heute unklar scheint, ist die Frage, ob kausaler Determinismus ab der Geburt vorhanden ist oder ob dieser sich im Laufe des frühkindlichen Lebens erst entwickelt. Eine Kritik an Experimenten mit Artefakten wie der Lampenbox könnte sein, dass Kinder früh viel Erfahrung mit Dingen haben, die eine einfache kausale Struktur haben. Durch den Schalter des Wohnzimmerlichts geht die Lampe praktisch immer an – es sei denn, wir haben einen Stromausfall oder die Birne ist kaputt. Hieraus lernen Kinder sehr schnell, dass das Leuchten der Lampe eine kausale und deterministische Ursache hat. Die Frage ist, ob sich die Erkenntnisse aus der Erforschung mit Artefakten übertragen lassen auf komplexere kausale Strukturen im Bereich der Biologie, der Physik oder gar des sozialen Miteinanders. Hier ist die Kausalität ja nicht immer strikt deterministisch. Denn nicht immer reagieren Menschen auf identische Trigger gleich. Das macht es schwieriger, kausale Regeln abzuleiten.

Eine weitere wichtige Frage im Bereich des kausalen Determinismus ist diejenige nach der Präferenz im Imitieren. Es ist unbestritten, dass Kleinkinder oft durch Imitation lernen. Aber tun sie dies lieber, indem sie deterministisch Handelnde oder scheinbar zufällig agierende Menschen nachahmen? Stellen wir uns folgendes Szenario vor: Ein Kleinkind beobachtet zwei Personen, die versuchen, einen Fußball in ein Tor zu schießen, zum Beispiel den Vater und den Onkel. Der Vater versenkt jeden Schuss in den Winkel. Es besteht ein strikt deterministischer Zusammenhang zwischen Schuss und Treffer. Der Onkel hingegen trifft stochastisch, sein Erfolg scheint vom Zufall abzuhängen. Mal haut er den Ball in den Winkel, manchmal jedoch auch weit über das Tor hinaus. Von wem lernt das Kind lieber? Die Forschung legt nahe, dass Kinder im Alter von 18 Monaten eine deutliche Präferenz haben, aus deterministischen statt aus stochastischen Quellen zu lernen. Strikt deterministische Ursachen bieten ein schnelleres Lernen. Ohne zufällige Störvariablen kann man schneller einen statistischen Schluss ziehen. Die kleinen Baby-Einsteins sind eben der Meinung, dass Gott nicht würfelt. Wissenschaftler denken ebenso und haben eine strikte Präferenz für ein kontrolliertes Experiment. Aus Experimenten lernen wir besser als aus reiner Beobachtung der manchmal chaotischen Natur.

Mit dem Zufall umgehen

Als Wissenschaftler hat man manchmal Schwierigkeiten damit, Alltagsprobleme als solche anzusehen und es fehlt oft an Motivation, sich den Lappalien des Lebens zu widmen. So kann es durchaus vorkommen, dass es mal etwas länger dauert, bis kaputte Glühbirnen repariert werden. Auch in meinem Haushalt ist das leider manchmal der Fall. Ein ganz akutes Problem ist das Licht in unserem Schlafzimmer. Es handelt sich um zwei Lampen mit separaten Schaltern. Einer der beiden schaltet das Licht nicht mehr ein, weil die entsprechende Glühbirne kaputt ist. Für die Kinder ist diese Situation jedoch äußerst spannend. Mit dem einen Schalter geht das Licht problemlos an, der andere hat keinerlei sichtbare Auswirkung. Wissenschaftlich gesprochen bedeutet das: Nicht alle Situationen haben eine glasklare Kausalstruktur. Manchmal müssen wir aus stochastischen Informationen lernen. Lichtschalter erleuchten den Raum nur manchmal, nicht immer. Eine wichtige Frage ist, inwieweit es Kindern gelingt, auch hieraus kausale Informationen zu ziehen.

Der Großteil der entwicklungspsychologischen Forschung thematisierte zwar kausales Lernen bei kleinen Kindern, ignorierte aber lange die Tatsache, dass unsere Welt oft keine perfekte Kausalität besitzt. Viele Prozesse in der realen Welt sind stochastisch − nicht nur die Lichtschalter in Wissenschaftlerhaushalten. Man stelle sich einmal ein kleines Kind vor, dass erstmals durch die Stadt läuft und zu verstehen versucht, warum Menschen manchmal an der Ampel stehen bleiben und manchmal die Straße überqueren, ohne nach links und rechts zu schauen. Sehr schnell würde einem Kleinkind wohl auffallen, dass dies irgendetwas mit den kleinen grünen oder roten Figürchen zu tun haben muss, die an jeder Straßenkreuzung aufleuchten. Beim genaueren Hinsehen würde dem Kind auffallen, dass die Leute bei Rot eher stehen bleiben und bei Grün eher gehen. Es handelt sich aber nicht um perfekte Korrelationen. Es gibt einige Menschen, die bei Rot laufen. Es gibt ein paar, die sogar bei Grün stehen bleiben (etwa, weil sie in ein Gespräch vertieft sind). Die Frage, wie Kinder beim Lernen mit dieser Art Stochastik umgehen, blieb lange Zeit unbeantwortet.

Tamar Kushnir und Alison Gopnik, die an der University of California Berkeley forschen, stellten sich ebendiese Frage und beschlossen, die Lernleistung anhand von stochastischen Signalen zu erforschen.[52] Wie »stark« muss ein Signal sein, damit die Kinder daraus kausale Schlüsse ziehen? Dazu nutzten sie eine Maschine, die in der Welt der Entwicklungsforschung mittlerweile fast Kultstatus hat: Den *Blicket Detektor*. Das ist eine Box, die Musik spielt, sofern die richtigen Steinchen (genannt Blickets) auf der Maschine liegen. Gibt es ein rotes, gelbes und grünes Steinchen, könnte man einem Kind zeigen, was passiert, wenn man die einzelnen Steinchen auf die Box legt. Beim roten Steinchen passiert nichts. Ebenso beim grünen. Legt man jedoch das gelbe Steinchen auf die Box, fängt die Musik an zu spielen. Erwachsene schließen hieraus, dass das gelbe Steinchen ein Blicket ist. Kleinkinder schaffen das ebenso. Tatsächlich wird die Maschine aber durch ein Knöpfchen gesteuert, das die Versuchsleiterin betätigt und das die Kinder nicht sehen können.

Die Maschine kann daher genutzt werden, um beliebige Kausalitätsstrukturen zu testen. Kushnir und Gopnik etwa nutzten die Maschine, um die statistischen Fähigkeiten der Kinder zu testen. Die Ergebnisse sind beeindruckend. Vierjährige nutzten statistische Konzepte, die erst in der Universität gelehrt werden, um zu entscheiden, ob ein Steinchen ein Blicket ist. Ebenso starteten sie genau diejenigen Experimente, die aus mathematischer Sicht am meisten Sinn machen. Sie orientierten sich beim Experimentieren am zu erwartenden Erkenntnisgewinn, genau wie Forscher dies tun. Die Versuche der Kinder können daher als gezielte Experimente gelten. Im zarten Alter von vier Jahren sind Kinder also in der Lage, die Beziehungen zwischen Variablen zu nutzen, um Dinge zu verstehen. Die Statistikprofessoren unter den Lesern mögen sich nun wundern. Kinder im Alter von vier Jahren sollen statistische Fähigkeiten nicht nur haben sondern auch aktiv nutzen? Studierende schaffen das leider nicht immer. Christopher Lucas und einige Kollegen zeigten tatsächlich in einer Studie aus dem Jahr 2013, dass vier- und fünfjährige Kinder manchmal besser darin sind als Universitätsstudierende, kausale Erkenntnisse zu gewinnen.[53] In einem Blicket-Detektor-Wettbewerb traten Kindergartenkinder gegen Studierende an – und gewannen diesen Wettbewerb tatsächlich. Studierenden stammten dabei nicht von irgendeiner beliebigen Universität, sondern waren eingeschrieben an der Elitehochschule Berkeley.

Die Entwicklung der reinen Vernunft

Auch wenn Wissenschaftler häufig statistische Daten nutzen, um Erkenntnisse zu gewinnen, ist es oftmals nötig, aus einmaligem Beobachten einen Schluss zu ziehen. Hierbei unterscheiden sich Wissenschaftler auch nicht vom Baby. Bei dem erstmaligen Aufspüren von Gravitationswellen etwa brauchte der darauf ausgerichtete Detektor nur ein einziges Mal an den theoretisch zu erwartenden Stationen aufzuleuchten, damit der Nachweis gelang, dass es Gravitationswellen gibt. Wenn man einem kleinen Kind einmal zeigt, wie eine Giraffe aussieht, wird es eine zweite sofort auch als Giraffe bezeichnen. Bevor mein älterer Sohn das Wort »Giraffe« sprechen konnte, nutzte er das auffälligste Merkmal des Tiers, um es zu bezeichnen: Er fasste sich stets mit der Hand an den Hals. Hierzu musste er nicht Hunderte Giraffen gesehen haben. Ein einziger Besuch im Zoo reichte aus, um zu wissen, was eine Giraffe ist und dass deren prägendes Merkmal der lange Hals ist. Sind die Hinweise so stark, wartet ein Kind nicht auf viele Beobachtungen, bevor es sich zu einer Vorhersage hinreißen lässt. Vielleicht mag das ein oder andere Mal ein kleiner Fehler dabei sein und ein Esel wird als Pferd bezeichnet, aber im Großen und Ganzen gelingt es den Kindern selbst bei spärlicher Datenlage, akkurate Vorhersagen zu machen.

Ein internationales Forscherteam rund um Ernő Téglás erforschte, inwieweit Babys im zarten Alter von zwölf Monaten bereits in der Lage sind, reine Vernunft walten zu lassen.[54] Um ihren Forschungsansatz zu verdeutlichen, nutzten sie das Beispiel eines kleinen Tischchens, auf dem gelbe und rote Bauklötze lagen. Diese waren entweder zufällig über den Tisch verstreut oder als Türmchen aufeinander gestapelt. Die Frage lautete: Wenn jemand den Tisch anstößt – ist es wahrscheinlicher, dass ein roter oder ein gelber Bauklotz herunter fällt? Aus einmaliger Beobachtung sollten die Babys eine Vorhersage machen. Steht ein gelber Turm genau an der Ecke, und ist er auch noch sehr wacklig gebaut, gehen Erwachsene logischerweise davon aus, dass ein gelber Klotz eher vom Tisch fällt. Hierzu brauchen wir keinerlei statistische Analysen und müssen auch nicht groß herumexperimentieren. Um auf das Beispiel im Zoo zurückzukommen: Hat ein Tier einen extrem langen Hals, ist es vermutlich eine Giraffe. Wir Erwachsenen sehen bei diesem Arrangement einfach, dass nur ein gelber Klotz herunterfallen würde. Lägen alle Steine in der Mitte, würden wir wohl sagen, dass die Chance bei 50/50 liegt, dass eine bestimmte Farbe vom Tisch fällt. Doch zu welchem Schluss kommen die Babys?

In einem der Tisch-Situation ähnlichen, jedoch physikalisch etwas einfacherem Versuchsaufbau ließen die Forscher nun zwölf Monate alte Babys Situationen beobachten, die entweder physikalisch zu erwarten waren oder aber sehr überraschend. Die Forscher konnten zeigen, dass die Blickdauer von Babys Gedankengänge nahelegen, die sich von komplexen mathematischen Entscheidungsmodellen nicht unterschieden. Die Ergebnisse zeigen also, dass es schon kleinen Babys gelingt, auch aus einmaligen Situationen physikalisch – und vor allem logisch – richtige Schlussfolgerungen zu ziehen. Insgesamt verfügen Babys vor dem Ende ihres ersten Lebensjahres schon über allerhand Methoden, die es ihnen ermöglichen, dem Wissenschaftler gleich zu forschen und daraus Schlussfolgerungen zu ziehen. Reine Vernunft gehört dazu, auch wenn viele Eltern diese vielleicht nicht als besonders prägende Charaktereigenschaft unserer kleinen Kinder bezeichnen würden. Giraffen sind die Tiere mit den langen Hälsen, Babys sind die mit der bestechenden Logik.

Wo ist das kindliche Labor?

Alle bisherigen Erkenntnisse zu der These, dass Babys dem Wissenschaftler gleich lernen, stammen aus dem Labor und arbeiten vor allem mit dem von Robert Fantz etablierten Paradigma der Blickdauermessung oder mit einfachen Verhaltensmaßen wie etwa die Spielzeugnutzung der Kinder. Übertragen auf das Tierreich würde das bedeuten, dass wir alle Erkenntnisse außerhalb der natürlichen Umgebung gewonnen haben. Wie stark kann man davon ausgehen, dass wissenschaftliche Experimente spontan beim kindlichen Spiel passieren? Lässt man Kleinkinder für ein paar Minuten in ihrem Zimmer allein, sieht es danach zwar oftmals so aus wie nach einem Chemieexperiment, das nach Explosion abgebrochen werden musste, aber dies allein ist noch kein Beweis für wissenschaftliche Arbeit im Kinderzimmer.

Claire Cook, Noah Goodman und Laura Schulz gingen am Massachusetts Institute of Technology exakt dieser Frage nach. Erkennen Kleinkinder im Spiel experimentelle Möglichkeiten und legen sie los, wenn sich eine Chance bietet? Im täglichen Leben ist es ja nicht entscheidend, dass Babys ein paar Sekunden länger irgendwo hinschauen. Zwar können wir aus derlei Erkenntnis sehr viele Rückschlüsse auf das Denken der Kleinen ziehen, aber noch spannender ist die Frage, ob sie spontan auftretende Experimentiermöglichkeiten erkennen und nutzen. Im Vorwort beschrieb ich, dass mich das Brokkoliwerfen meines älteren Sohnes am Esstisch nicht länger nervt, seit ich weiß, dass es sich um Gravitationsexperimente handeln könnte. Das war eine kleine Beschönigung der Lage. Erstens bin ich äußerst genervt, und zweitens glaube ich nicht, dass es sich um immer gleiche *Physik*experimente handelt. Womöglich nutzt mein Sohn lediglich eine Methode aus seiner Physik, um *psychologische* Forschung zu betreiben. Kann es sein, dass mein Papa immer böse guckt, wenn ich auf die explizite Aufforderung NEIN trotzdem mein Käsebrot (meinen Spinat, meine Spaghetti, etc.) auf den Boden schmeiße? Hat mein Sohn erkannt, dass das gemeinsame Abendessen eine exzellente Möglichkeit bietet, kleine Experimente über meine Psychologie durchzuführen?

Entwicklungsforscher, die sich mit der Trotzphase beschäftigen, argumentieren, dass genau dies der Fall sein kann. Die Trotzphase, im Englischen *terrible twos* genannt, findet just zu der Zeit statt, in der Kinder zu verstehen lernen, dass unterschiedliche Menschen unterschiedliche Präferenzen haben. Mit der Erforschung der Frage, was Papa und Mama mögen (und viel wichtiger: was sie nicht mögen, wir erinnern uns an Karl Poppers Königsweg der Falsifizierung) treiben sie uns zur Weißglut – im Dienste der Wissenschaft.[55] Sobald man ein Baby hat, wird man also nicht nur zum Elternteil, sondern vor allem auch zum Versuchskaninchen eines großen psychologischen Experiments.

Claire Cook, Noah Goodman und Laura Schulz starteten ihre Erforschung, ob Kinder Situationen wie das Abendbrot zum Experimentieren nutzen, indem sie argumentierten, dass die Welt uns natürlicherweise mit verschiedenen kausalen Hypothesen begegnen kann: Das Essenwerfen kann die Ursache des väterlichen Wutanfalls sein, ebenso könnten die zeitgleich laufenden Radionachrichten der Grund sein. Deshalb testen die Kinder wiederholt aus, was die wahre Ursache ist, und das Käsebrot fliegt immer und immer wieder in hohem Bogen aufs Parkett. Die Metapher, dass Babys wie Wissenschaftler lernen, indem sie Experimente starten, um kausale Information über die Welt zu gewinnen, muss zwangsläufig bedeuten, dass es ihnen routiniert gelingt, relevante Situationen zu erkennen und ein Experiment zu starten.

Ein relativ großer Anteil der Literatur im Pädagogikbereich ist sehr skeptisch, ob es bei kleinen Kindern eine Art *learning by doing* gibt. Man könnte also anzweifeln, dass Kinder spontan die Welt erforschen und daraus kausale Erkenntnisse gewinnen. Vielleicht ist es nur im Labor nachweisbar, dass Babys forschen. Claire Cook und ihre Kollegen zeigten jedoch, dass Kleinkinder Handlungschancen identifizieren können. Sofern sich die Chance auf ein Experiment bietet, schlagen Kinder spontan zu und erforschen die Welt durch Beobachtung oder durch zielgerichtetes Manipulieren. Das Kinderzimmer wird offensichtlich zum Labor gemacht und freies Spiel wird von den Kindern regelmäßig genutzt, um kausal zu lernen. Das Labor ist dabei mobil und immer dort, wo das Kind sich gerade befindet. Was den Eltern Trost spenden kann, ist vielleicht der folgende Gedanke: Je größer das Chaos, desto größer war der Erkenntnisgewinn.

Teil 2
Das Baby als Sozialwissenschaftler

Bisher legten die auf vielen Experimenten basierenden Erkenntnisse nahe, welche beeindruckenden Fähigkeiten Babys in Bezug auf die epistemologischen Grundlagen des Lernens haben. Mit Hilfe von Logik, Statistik und dem Glauben an Kausalität lernen wir Menschen ab dem ersten Tag unseres Lebens, Hypothesen aufzustellen, zu überprüfen, zu verwerfen, um schließlich kausales Wissen über die Welt zu sammeln. Wissenschaftler erfinden jedoch nicht alles neu. Vieles übernehmen sie von anderen Wissenschaftlern. Ebenso lernen Babys von den Menschen in ihrer Umgebung. Wie schon die Lerntheorien von Albert Bandura nahelegten, sind wir im Stande, uns über die Erfahrungen der anderen Wissen anzueignen. Wir sind eine Spezies, die in sehr komplexen sozialen Strukturen lebt. Andere Primaten schaffen es nicht, in derart großen Gruppen flexibel zu kooperieren. Die Spezies Mensch gilt daher als besonders im Tierreich. In Teil 2 des Buches widmen wir uns also primär der Tatsache, dass Menschen als soziale Spezies leben. Wir leben in stets größer werdenden Gruppen – es entstehen immer mehr Millionenmetropolen weltweit – und im Gegensatz zu vielen anderen Primaten kommen wir damit ganz gut zurecht. In Teil 1 des Buches öff-

neten wir die Werkzeugkiste des Wissenserwerbs, und nun erforschen wir, wie Menschen lernen, zu Mitgliedern der sozialen Spezies zu werden.

Ein besonderes Tier

Der Mensch ist ein besonderes Tier. Als eines der wenigen Säugetiere sind wir in der Lage, in großen Netzwerken über lange Zeit zu kooperieren. Wir fahren mit rund 130 Kilometern pro Stunde über die Autobahn, und (meistens) kommen alle heil nach Hause. Denn wir können normalerweise darauf vertrauen, dass alle in dieselbe Richtung fahren und uns niemand entgegenkommt. Viele Menschen wohnen in Städten, die durch Kooperation im großen Stil entstanden sind. Man denke beispielsweise an die Errichtung großer Bauwerke wie des Kölner Doms oder der Pyramiden in Ägypten. Aber auch die weniger sichtbaren Dinge, die es uns ermöglichen, in großen Städten zu wohnen, brauchen ein erhebliches Ausmaß an Kooperation: Kanalisation, Strom- und Gasnetze, ein Abfallentsorgungssystem und vieles andere. Diese Fähigkeit zu komplexer Kooperation ermöglicht erst das Entstehen unserer Gesellschaften und des damit verbundenen Wohlstands, wie wir ihn heute kennen. Die Evolution von Kooperation gilt daher als eine der großen menschlichen Erfolgsstorys.

Der kritische Beobachter mag nun einwerfen, dass die Menschen auch etliche Konflikte austragen und Kriege führen, dass es überall auf der Welt Mord und Totschlag gibt und dass die Pyramiden von Gizeh im Wesentlichen durch Sklaven erbaut wurden. Kriege und Gewalt sind jedoch – wenn wir die gesamte Stammesgeschichte von *Homo sapiens* betrachten – kein wesentliches Risiko mehr. Von den insgesamt 56 Millionen Menschen, die etwa 2012 gestorben sind, kamen insgesamt rund 620 000 durch menschliche Gewalttaten (120 000 durch Krieg und 500 000 durch Kriminalität) ums Leben. Dagegen gab es 800 000 Selbstmorde, und 1,5 Millionen Menschen verloren ihr Leben durch Diabetes.[56] Viele Forscher argumentieren, dass unsere heutige Welt viel mehr durch Kooperation geprägt ist als durch Konflikt. Hierbei ist jedoch eine wichtige Nebenbemerkung fällig: Unsere Kooperationsfähigkeit hat uns ebenfalls ermöglicht, fundamentale Durchbrüche in den Wissenschaften zu erzielen. Und dadurch schaffen wir nicht nur Wohlstand, sondern auch enorme Bedrohungen. Die These der weniger werdenden Gewalt könnte sich unwiderruflich ändern, wenn es beispielsweise einen atomaren Krieg oder Ähnliches gäbe. Das Risiko von globaler Gewalt gegen die gesamte Menschheit ist heute sehr viel höher als in der Steinzeit. Das Risiko von lokaler Gewalt gegen einzelne Menschen scheint seit damals zurückgegangen zu sein.

Unsere ausgesprochene Fähigkeit zur Kooperation kann man am leichtesten veranschaulichen, indem wir uns mit unseren nächsten lebenden Verwandten vergleichen. Wie beschrieben, schlugen der Schimpanse und der Mensch erst vor etwa sechs Millionen Jahren getrennte Wege ein. Vor dem Hintergrund, dass es seit etwa 3,8 bis 4,1 Milliarden Jahren (je nach Studienschätzung) Leben auf unserem Planeten gibt, ist das eine relativ kurze Zeit. Erdgeschichtlich könnte man fast sagen, dass Schimpansen und Menschen praktisch gleich sind. Die kleinen Unterschiede können jedoch erheblich sein, wie in Teil 1 beschrieben. Zum Beispiel unterscheiden wir uns in einer zentralen Verhaltensweise: unserer Fähigkeit, auch mit einer Vielzahl von Unbekannten über lange Zeit zu kooperieren und dadurch Wohlstand und Sicherheit in nie gekanntem Ausmaß zu schaffen.

Experimente mit Primaten und Menschen zeigen auf beeindruckende Weise, wie wir uns hinsichtlich unserer Fähigkeit zur Empathie unterscheiden. Betrachtet man beispielsweise Kapuzineräffchen, so zeigt sich, dass diese sehr empfindlich auf erlebte Ungerechtigkeit reagieren. In Studien, die am Yerkes National Primate Research Center in Atlanta (USA) durchgeführt wurden, gaben die Forscher den Äffchen die Möglichkeit, Arbeit zu leisten (zum Beispiel einen Stein an den Experimentleiter auszuhändigen, der die Äffchen dafür mit einem Stück Gurke »bezahlte«). Kapuzineräffchen mögen Gurken ganz gern und sind daher glücklich mit ihrem Job. Sie würden stets weiterarbeiten, um in den Genuss der Gurken zu kommen.

In einer Variation des Experiments war jedoch ein anderer Kapuzineraffe präsent, der für die gleiche »Arbeit« mit einer Traube bezahlt wurde. Nun ist es so, dass Kapuzineräffchen Trauben sehr viel lieber mögen als Gurken. Die Situation war also ungerecht. Es lässt sich nun beobachten, dass die Kapuzineräffchen die Gurke verschmähen, sobald sie die Bezahlung als ungerecht empfinden, also genau dann, wenn andere für die gleiche Arbeit mehr bekommen.[57] Experimente mit menschlichen Teilnehmern zeigten, dass diese ganz ähnlich auf direkt erlebte Ungerechtigkeit reagierten: Menschen nehmen lieber gar nichts, als ungerecht entlohnt zu werden.[58] Sie verweigern den Dienst ebenso wie das Kapuzineräffchen.

Aber der Mensch verfügt darüber hinaus über eine weitere Eigenschaft, die uns von anderen Primaten trennt. Der Mensch reagiert nicht nur auf direkt erlebte Ungerechtigkeit, sondern auch auf Ungerechtigkeiten, die einem Dritten widerfahren. Auf die eben erwähnte Studie übertragen würde ein Mensch seinen Lohn verschmähen, wenn er sähe, dass ein unbeteiligter Dritter ungerecht bezahlt wird. Studien zeigen, dass diese Art von Gerechtigkeit gegenüber Dritten beim Schimpansen nicht vorkommt. Während wir Menschen oft bereit sind, jemanden zu bestrafen, wenn er andere ungerecht behandelt[59], selbst wenn wir nicht direkt Opfer geworden sind, berührt es einen Schimpansen nicht, ob seinen Artgenossen Unrecht widerfährt. Dreijährige Kinder berührt es hingegen schon.[60] Dies ermöglicht uns die Entwicklung und Einhaltung sozialer Normen, die zur Not auch von unbeteiligten Dritten durchgesetzt werden.

Aber wie lernen Neugeborene eigentlich, zu vertrauen und zu kooperieren? Wie lernen wir Menschen, dass es auch mal sein muss, für die Gerechtigkeit Unbeteiligter einzutreten? Sind diese Fähigkeiten angeboren oder kulturell erlernt? Wie tief sind diese in unserer Evolution verankert? Vielleicht sind sie ja teilweise angeboren und teilweise erlernt? Eine sehr große Forschungsliteratur widmet sich genau diesen Fragen. Was macht uns zur sozialen Spezies?

Die Anthropologin Sarah Blaffer Hrdy fasste die spezifisch menschliche Fähigkeit zur Kooperation imposant durch folgendes Gedankenexperiment zusammen: Pro Jahr besteigen etwa 1,6 Milliarden Menschen ein Flugzeug und sitzen eng gequetscht mit völlig fremden Leuten aus unterschiedlichsten Kulturen – teilweise über mehrere Stunden – eingesperrt in einer Stahlröhre. Zuvor standen die Passagiere friedlich zusammen in der Check-in-Schlange sowie im Sicherheitsbereich und waren vermutlich etwas genervt, dass die Person vor ihnen doch nicht alle Flüssigkeiten in einen durchsichtigen Plastikbeutel gesteckt hatte und nun durch ihre Schludrigkeit die Wartezeit verlängerte. Im Flugzeug selbst gibt es auch das Potenzial für Konflikte: Aber auch wenn in der Reihe vor einem ein Baby ständig schreit, behalten die meisten Menschen die Fassung und wohl niemand denkt ernsthaft daran, dem Baby gegenüber Gewalt auszuüben, um sich Ruhe zu verschaffen.

Würde man statt Menschen ein Flugzeug voll mit Schimpansen beobachten, läge die Wahrscheinlichkeit, dass man mit zehn Fingern und zehn Zehen aus einem Flugzeug herauskommt, bei null Komma null, so Blaffer Hrdy.[61] Und das gilt selbst für den Fall, dass der Pilot ein Mensch wäre. Es wäre für unsere nächsten Verwandten schlicht unmöglich, mit so vielen unbekannten Artgenossen auf derart engem Raum friedlich auszukommen und sich kooperativ zu verhalten.

Auch der Orang-Utan gehört wie wir Menschen zur Familie der Menschenaffen und der Unterfamilie der *Homininae*. Wir teilen uns immerhin noch 97 Prozent unserer Gene, also etwas weniger als mit unseren nächsten lebenden Verwandten, dem Schimpansen und dem Bonobo. Auch hier treten große Unterschiede in der Sozialstruktur auf. Während der Orang-Utan praktisch immer alleine anzutreffen ist, ist der Mensch ein ausgesprochenes Herdentier. Wir leben heute mit etlichen anderen Menschen auf engem Raum, und viele Leute zieht es in die Städte, wo sie noch enger mit anderen zusammenleben als auf dem Land. Die Nähe zu sehr vielen Artgenossen ist eine unserer Eigenarten, bezogen auf den Vergleich mit anderen Primaten und dem Orang-Utan im Speziellen. Trifft man einmal auf zwei friedlich nebeneinander lebende Exemplare zugleich, ist die Wahrscheinlichkeit hoch, dass es sich um Mutter und Kind handelt. Treffen sich zwei Männchen, ist die Wahrscheinlichkeit hoch, dass die beiden einen Konflikt um Territorium oder ein Weibchen austragen.

Wenn ein Außerirdischer[62] also auf die Welt herabblicken und sich in seinem Buch Notizen über die Menschheit machen würde, dann würde dieser vermutlich notieren, dass der Mensch sich stark von den anderen Primaten unterscheide. Sie leben in viel größeren sozialen Gefügen als alle anderen *Hominiden*. In Bezug auf breit angelegte, langfristige Kooperation mit Fremden haben wir deutlich die Nase vorn. Die Entwicklung ebendieser Fähigkeiten ist daher eine zentrale Leistung in unserer Ontogenese. Wie schnell geht das? Wie lernen Babys die soziale Welt zu verstehen?

Der Entwicklungspsychologe Andrew Meltzoff fasst diese Beobachtung so zusammen: »Wir werden bereits sozial lernend geboren.« Dies ist eine der prägenden Charakteristika des Menschen, und das soziale Lernen folgt diesem angeborenen Impuls. Diesem zugrunde liegt die gesamte soziale Kognition, also die Fähigkeit des Menschen, Information aus der sozialen Umwelt zu verarbeiten. Psychologen zufolge ist der Versuch, aus dem Verhalten unserer Artgenossen schlau zu werden, das, was uns Menschen hauptsächlich antreibt.

Imitation Game

Andrew Meltzoff gelangte mit seiner Forschung über die Imitationsfähigkeiten Neugeborener zu Berühmtheit. Gemeinsam mit M. Keith Moore präsentierte er im Oktober 1977 Studien zur Imitation von Mimik bei Neugeborenen im Alter von 12 bis 21 Tagen.[63] Die Studien wurden im Fachblatt *Science* veröffentlicht. Die Fotografien dieser Studie gelten heute als Klassiker der Entwicklungspsychologie. Sie zeigen, wie die Neugeborenen auf Grimassen wie »Zunge rausstrecken« oder »den Mund weit öffnen« mit ebengleicher Mimik reagieren. Weitere Studien von Andrew Meltzoff und M. Keith Moore zeigen ähnliches Verhalten bei Neugeborenen, die lediglich zwischen 0,7 und 71 Stunden alt waren. Abbildung 4 zeigt die Ergebnisse dieser heute sehr berühmten Studie in ihrer Quintessenz.

Was bedeutet es, wenn ein Baby auf menschliche Mimik imitierend reagiert? Man könnte dies als einfachen Reflex wegdiskutieren. Es ist aber viel mehr als das. Die Imitation unterscheidet sich beispielsweise vom Moro-Reflex, bei dem Neugeborene vieler Säugetiere beim überraschenden Rückfallen ruckartig die Arme, Beine und Finger spreizen. Dadurch, dass sie zeitgleich den Mund öffnen, wird unter anderem ein Ersticken verhindert.

Spontane Imitation ist etwas fundamental anderes – sie verlangt ein irgendwie ausgeprägtes Bewusstsein der eigenen Spezies im Geiste des Babys. Die Studien zur Imitation ver-

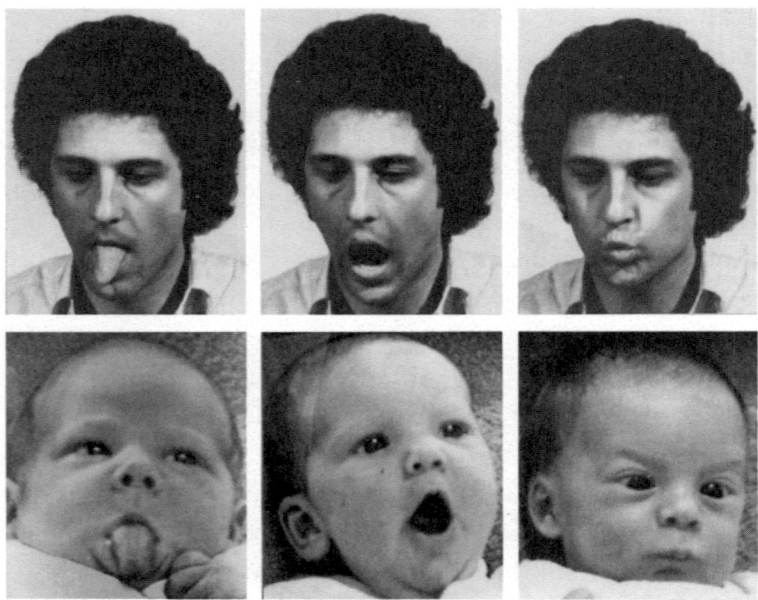

Abbildung 4: Die Arbeiten von Andrew Meltzoff (im Bild oben) zeigen, dass Babys scheinbar spontan die Gesten eines anderen Menschen kopieren. Die jüngsten Babys, die dazu in der Lage waren, waren wenige Stunden alt.[64]

anlassten Andrew Meltzoff, die »Wie-ich-Hypothese« zu formulieren. Dem Menschen ist demnach das Wissen über seine Art angeboren, sobald er das Licht der Welt erblickt. Die Tatsache, dass Babys spontan imitieren, zeigt, dass es auf irgendeinem Level der Informationsverarbeitung die Fähigkeit geben muss, die uns Menschen ab Geburt die Handlungen anderer auf den eigenen Körper übertragen lässt.[65] Selbst Neugeborene, die sich noch nie im Spiegel gesehen haben, scheinen zu erkennen, dass zwei Augen, eine Nase und ein Mund das sind, was ihnen auch selbst zu eigen ist. Sie müssen dieses Wissen intrinsisch verfügbar haben, sonst würden sie nicht imitierend reagieren. Wenn Babys eine Zunge sehen und daher auch die Zunge zeigen, bedeutet das, dass sie wissen, wer sie sind. Die Information, dass wir Teil der menschlichen Spezies sind, muss irgendwo in uns abgespeichert sein. Die Imitation ist das erste gemeinsame Ritual, eine koordinierte Tätigkeit zwischen zwei Mitgliedern der gleichen Spezies. Andersherum fühlen sich Babys zu dem Gesicht hingezogen, das sie selbst imitiert. Wenn man ihnen die Möglichkeit gibt, aus zwei Gesichtern eines zum Anschauen zu wählen, entscheiden sie sich regelmäßig für das ihnen in Bezug auf die Grimasse ähnlichere.[66]

Laut Andrew Meltzoff ermöglicht erst dieses angeborene Wissen um Ähnlichkeit einen rapiden Aufbau der gesamten sozialkognitiven Fähigkeiten.[67] Anders als Orang-Utans leben wir nicht sozial isoliert. Die komplexen sozialen Gesetze und Nuancen zu verstehen, ist eine Mammutaufgabe. Die Tatsache, dass es Personen mit besonderen Herausforderungen wie Autismus schwerfällt, die sozialen Gesetze zu lernen, zeigt uns, wie charakterisierend diese für das menschliche Zusammenleben sind. Für Babys bedeutet dies Chance und Herausforderung zu gleichen Teilen. Die Gesetze des menschlichen Miteinanders müssen so rasch wie möglich verstanden werden, um durch die soziale Welt zu navigieren. Wie der britische Philosoph Thomas Hobbes bereits anmerkte, ist der »Mensch des Menschen Wolf«.[68] Nicht jeder andere Mensch ist uns wohlgesonnen. Es ist töricht, jedem blind zu vertrauen. Genauso töricht ist es aber auch, jedem anderen grundsätzlich zu misstrauen. Menschenkinder müssen also rasch lernen, wer Freund und wer Feind sein könnte, wie soziale Situationen einzuschätzen sind und wie man als Mitglied einer Spezies mit sieben Milliarden Exemplaren den Alltag meistert.

Neben der Hobbesschen Angst vor den anderen menschlichen Wölfen ermöglicht die Nähe zu sehr vielen anderen aber auch ein enormes Lernen von den Artgenossen. Auch für Babys sind ihre Mitmenschen daher eine reiche Quelle des Wissens. Unsere Fähigkeit, sozial zu lernen, zu denken und zu handeln, ist vermutlich einer der Unterschiede, die dem Außerirdischen im Vergleich zu anderen Primaten auffallen würden. Wie lernen die Sozialwissenschaftler in Windeln, die soziale Welt zu navigieren und zu meistern?

Das Geheimnis der Kooperation

Eine in Großbritannien sehr beliebte TV-Show war die Quizsendung *Golden Balls*. Der Sendungsverlauf sah wie folgt aus: Über mehrere Runden ist es die Aufgabe der beiden Teilnehmer, Geld durch das Beantworten von Quizfragen zu erwirtschaften. In der finalen Runde wird schließlich ein Spiel gespielt, das *Split or Steal* heißt (zu Deutsch: Teilen oder Stehlen). Die beiden Kandidaten stehen vor folgender schweren Entscheidung: Sie können die Kugel SPLIT oder die Kugel STEAL wählen. Sie dürfen sich kurz unterhalten, aber die Entscheidung wird schließlich simultan gefällt, ohne zu wissen, was der andere tut und ohne die Möglichkeit, die Entscheidung zu revidieren.

Wählen beide die Kugel SPLIT, wird der Jackpot geteilt. Beide erhalten jeweils 50 Prozent des gemeinsam erwirtschafteten Geldes. Wählt einer SPLIT und der andere STEAL, so erhält derjenige, der sich für STEAL entschieden hat, den gesamten Jackpot, während sein Gegenspieler komplett leer ausgeht. Wählen beide Personen STEAL, ist der Jackpot gänzlich zerstört, und beide fahren ohne Geld wieder nach Hause. Was würden Sie tun, wenn der Jackpot 100 000 Euro betrüge? Würden Sie SPLIT wählen, um den Jackpot zu teilen, oder wären die weiteren 50 000 Euro eine zu starke Versuchung? Was glauben Sie, würde die fremde Person tun, die Ihnen gegenübersitzt?

Stellen wir uns nun folgende, abstraktere Situation vor: Zwei (zu Recht) Verdächtige werden von der Polizei in Gewahrsam genommen und getrennt voneinander befragt, ob sie die Tat begangen haben. Sofern beide die Tat bestreiten, werden sie lediglich für eine Lappalie verurteilt und landen jeweils für ein Jahr im Gefängnis. Wenn einer der beiden jedoch sein Schweigen bricht und die gemeinsam begangene Tat ausführlich gesteht, der andere sie jedoch bestreitet, dann kommt der Geständige frei und der Schweigsame wird mit fünf Jahren Haft härter als eigentlich bestraft (für die Tat und den Meineid). Falls beide die Tat gestehen, gehen beide für vier Jahre hinter Gitter. Diese Situation wurde als »Gefangenendilemma« bekannt und ist bis heute das vorherrschende Paradigma der Kooperationsforschung. Aus der Situation folgt, dass es für die Gruppe besser ist, gemeinsam die Tat zu bestreiten. So gibt es in der Gesamtheit lediglich zwei Jahre Haft. Individuell ist es jedoch stets besser, zu gestehen. Man geht dann sicher weniger Jahre ins Gefängnis. Die Nicht-Kooperation ist das, was Kooperationsforscher als rationales Gleichgewicht bezeichnen. Optimalerweise kooperieren wir in dieser Situation nicht – individuell betrachtet. Bei *Golden Balls* ist es genauso: Es ist die rationale Antwort, STEAL zu wählen. Wenn die andere Person SPLIT wählt, erhält man statt 50 000 Euro einen Betrag von 100 000 Euro. Wenn die andere Person sich für STEAL entscheidet, ist es unerheblich, was man tut, denn man geht selbst sicher leer aus.

Allen Verlockungen der Nicht-Kooperation zum Trotz gelingt es uns Menschen jedoch häufig wunderbar, mit unseren Artgenossen zu kooperieren. Forscher um den Wirtschaftsnobelpreisträger Richard Thaler analysierten im Jahre 2012 mehr als 500 Entscheidungen in der finalen Runde der Spielshow.[69] Die mathematische Spieltheorie, die derlei soziale Situationen des Entscheidens untersucht, würde vorhersagen, dass die Effizienzrate bei null Prozent läge. Da es rational ist, die Kugel STEAL zu wählen, sollten dies alle tun, und es würde niemals Geld an die Spielshowteilnehmer fließen. In einer Welt, in der alle »rational« handeln, wäre *Golden Balls* eine Show, die komplett ohne Budget auskäme. In der Realität liegt die Effizienzrate bei 75 Prozent. In drei Vierteln aller Fälle wird Geld ausgeschüttet, was bedeutet, dass *mindestens eine* der beiden Personen SPLIT wählt. Insgesamt entscheidet sich mehr als die Hälfte der Showteilnehmer für die Kugel mit der Aufschrift SPLIT. Die knappe andere Hälfte lässt sich vom Jackpot in Versuchung führen.

Die Tatsache, dass die Kooperationsrate in dieser Show sowie im Gefangenendilemma, bei dem es oftmals auch um Geld statt um Gefängnisjahre geht, größer als null ist, stellte Evolutionsforscher lange vor ein Rätsel. Wenn es laut der Theorie der Evolution das primäre Ziel aller Organismen ist, sich in der natürlichen Selektion gegen andere zu bewähren, sollte es keine Kooperation geben. Warum sollte ein Organismus zu Gunsten eines anderen auf etwas verzichten? Kooperation ist daher bis heute ein Rätsel, das die Forscher ergründen wollen. Wie schaffen wir es, zu kooperieren?

Auch der Politologe Robert Axelrod wunderte sich über das Puzzle der Kooperation. Wir beobachten diese ständig in der Welt, obwohl sie theoretisch nicht existieren sollte. Wie konnte kooperatives Verhalten im Zuge der Evolution entstehen? Er dachte sich daher folgendes Experiment aus: Er lud in den 1980er-Jahren etliche Forscherkollegen zu einem großen Turnier ein. Dort ging es darum, im Gefangenendilemma viele Punkte zu ergattern. So lauteten die Regeln des Turniers: Jeder Teilnehmer muss eine Strategie programmieren, die dem Computer sagt, wie er das Gefangenendilemma in 200 Runden gegen eine andere Person zu spielen habe. Es tritt jeder gegen jeden an, bis alle Kombinationen durch sind. Die Strategie, mit der die meisten Punkte (bzw. die wenigsten Jahre Gefängnis) erzielt werden, gewinnt. Spieltheoretisch ist die Sache klar: In der 200. Runde hat man keinerlei Kooperationsanreiz mehr. Das Spiel ist danach aus, und daher ist es besser, den einmaligen Vorteil aus der Nicht-Kooperation zu ziehen. So einmalig ist die Situation der letzten Runde jedoch nicht. Denn aus den Überlegungen über das optimale Verhalten in der 200. Runde folgt, dass man auch in der 199. Runde keinerlei Kooperationsanreiz hat, was wiederum das Kalkül in der 198. Runde beeinflusst. Wenn man dieses Spiel durch »Rückwärtsinduktion« bis zur Runde 1 löst, ist die vermeintlich optimale Strategie, nie zu kooperieren. Es scheint uns jedoch intuitiv klar, dass man hiermit keinen Blumentopf gewinnen wird. Denn wenn alle unkooperativ spielen würden, hätten am Ende alle die gleiche Anzahl an Punkten, und insgesamt würden sehr wenige Punkte erreicht werden. Der Tiebreak wäre dann, zu verlosen. Die Chance auf den Sieg betrüge eins zu zweihundert.

Welche Strategie setzt sich empirisch durch? Dies war bis zu Axelrods Turnier völlig unklar. Welche Strategie lässt die Kooperation evolvieren? Das Turnier gewann letztlich der russischstämmige Mathematiker und Biologe Anatol Rapoport. Er gilt als zentraler Vordenker der Systemwissenschaft, welche die komplexen Wechselwirkungen zwischen verschiedenen Elementen in Systemen analysiert. Sie eignet sich wunderbar, um sozialwissenschaftliche Fragen zu beantworten. Er erdachte eine Strategie, die wir heute *Tit for Tat* nennen – wie du mir, so ich dir. Sie war mit nur vier Programmzeilen nicht nur die erfolgreichste Strategie, sondern auch die einfachste neben den ganz einfachen Strategien *immer* beziehungsweise *nie kooperieren*.

Tit for Tat besagt, dass wir zunächst einmal nett sind. Wir beginnen das Spiel mit Kooperation. Anschließend imitieren wir lediglich den vorherigen Spielzug des anderen. Kooperiert der andere in der Vorrunde, tun wir es in der nächsten Runde auch – und umgekehrt. Außerdem ist die Strategie nicht nachtragend. Wenn jemand auch nach einer längeren Episode der Nicht-Kooperation wieder anfängt zu kooperieren, dann ist der Spielpartner ebenso wieder dazu bereit. Menschen mit einer Tit-for-Tat-Strategie sind uns sympathisch. Nett, ausgleichend gerecht und nicht nachtragend sind Eigenschaften, mit denen man gut auskommen kann.

Ein Schönheitsfehler der Tit-for-Tat-Strategie ist, dass sie bei Störungen zu einer Vendetta führen kann. Angenommen, eine kooperative Handlung kommt durch Zufall nicht beim anderen an. Dies kann, wenn beide Tit for Tat spielen, zu ewiger Nicht-Kooperation führen. Die Strategie kann daher nicht nur kooperative Gesellschaften erklären, sondern auch die Nachhaltigkeit von Konflikten durch stets wiederkehrende Vergeltungsschläge. Zwei Tit-for-Tat-Strategen sind nicht dazu bereit, den ersten Schritt zur Versöhnung zu machen. Kooperative Episoden können daher auch sehr fragil sein.

Rapoports System wurde erst im Jahre 2004 geschlagen, mehr als 20 Jahre nach seiner Erfindung. Der Grund dafür war eine List. Die University of Southampton schickte eine sogenannte *Master-and-Servant*-Strategie zu einem Turnier, das nicht explizit untersagte, dass eine einzelne Mannschaft mehrere Strategien anmelden könne. Hierbei erzeugten die Southampton-Spieler in den ersten zehn Runden ein gewisses Signal, um sich gegenseitig zu erkennen. Wenn dies passierte, spielte der *Master* auf ewig *nicht kooperieren* und der *Servant* auf ewig *kooperieren*. Der *Servant* opferte sich selbst, um dem

Master einen noch größeren Payoff zu ermöglichen als bei zwei Kooperierenden. Die Ergebnisse wurden streng diskutiert. So ist eine Regel des Gefangenendilemmas, dass nicht kommuniziert wird. Die Strategien kommunizierten durch die Erkennungssignale, die sie aussandten. Es ist unklar, ob dies eine Regelverletzung darstellte. Außerdem war es nicht vorgesehen, dass eine Mannschaft mit vielen Strategien antrat und so zum Nachteil der übrigen Teilnehmer handeln konnte.

Dies lässt sich auch auf die Evolution übertragen: Sobald sich eine Möglichkeit für innovative Ideen bietet, werden diese entwickelt werden und gegen das Bestehende antreten – die Evolution erfolgreicher Vorgehensweisen ist nie vorbei. Das Kooperationsverhalten der Honigbienen etwa kann man als *Master-and-Servant*-Strategie bezeichnen. Alle verzichten auf ihre individuelle Fortpflanzung zugunsten einer sehr starken Königin. Offensichtlich bewährte sich diese Strategie bei den Honigbienen, viele andere Bienenarten setzen nicht darauf. Heute haben nur die Honigbienen eine Königin – so ist sie, wie auch die Southampton-Strategie, eine Ausnahme und sehr erfolgreich in einer bestimmten Nische.

Aus diesem kleinen Exkurs in die Spieltheorie und Kooperationsforschung lernen wir eine wichtige Lektion für die soziale Entwicklung von Babys. *Flexible Kooperation* scheint optimal zu sein. Nicht eine einfache *Immer-* oder *Nie-Kooperieren*-Strategie war in den Turnieren Axelrods erfolgreich, sondern eine adaptierende, die situationsbedingt auf andere reagierte, je nachdem, wie der Gegenspieler sich verhielt. Bis heute ist es eine erfolgreiche Vorgehensweise für Menschen, nur mit den Netten zu kooperieren und die Fiesen zu vermeiden. Theorien der Gruppenselektion legen nahe, dass gerade die Spezies, die es schaffen, in einem engen Netz zu kooperieren, gegen Outsider-Gruppen, die dies nicht tun, evolutionär zu bestehen.[70] Wir heute lebenden Menschen könnten die Nachkommen ebendieser frühmenschlichen Vertreter sein, die es damals geschafft haben, robust zu kooperieren und das Dilemma der Gefangenen zu lösen.

Dies bedeutet für heutige Babys, dass sie die sozialen Nuancen erkennen lernen müssen, auf denen die Kooperation fußt. Sie müssen lernen, zwischen verschiedenen Strategien zu unterscheiden, um langfristig erfolgreich zu kooperieren. Es gehört sehr viel dazu, das komplexe soziale Miteinander zu verstehen und anschließend zu meistern. Man muss begreifen, dass das Verhalten verschiedener Menschen oftmals durch unterschiedliche Präferenzen und Informationsstände ausgelöst ist. Außerdem muss man wissen, welche situationsabhängigen Einflüsse mit hineinspielen. So, wie wir lernen, ein Buch zu lesen, gelingt es uns mit einiger Übung, soziale Begebenheiten richtig zu interpretieren und unser Verhalten daran anzupassen. Das Wissen *Ich bin wie du*, das gerade geborene Babys bereits zu haben scheinen, wenn sie in die Augen anderer Menschen blicken oder die Mimik der Mutter spiegeln, ist der Start in dieses soziale Lernen. Binnen weniger Jahre beherrschen sie die Gesetze des menschlichen Miteinanders samt aller Nuancen. Sie haben Sympathien und Antipathien in Bezug auf andere Kinder und Erwachsene gebildet. Sie vertrauen, aber nicht blind. Wie schaffen die Kinder das so schnell?

Leute gucken (und lernen)

Sobald der Himmel wolkenlos erstrahlt und die Temperaturen die 20 Grad überschreiten, kann man in den Städten und Gemeinden ein interessantes Hobby der Menschen beobachten: *Leute gucken*. Es scheint uns große Freude zu bereiten, einfach im Café zu sitzen und zu schauen, was die anderen so treiben. So weit, so harmlos. Wenn die Leute alleine dasitzen, betrachten sie die Menschen einfach. Sobald mindestens zwei Menschen gemeinsam Kaffee trinken und Kuchen essen, ist es vermutlich keine Seltenheit, dass über die Vorbeiziehenden gelästert wird. »Schau mal, wie der mit seinen Kindern umgeht«, »Was hat die denn heute an?«, »Ist der schon wieder nicht bei der Arbeit?«

Das Bewerten und Beurteilen anderer Menschen sowie das Lästern ist eine definierende Charaktereigenschaft der Menschheit. Man kann sich sicher sein, dass man zu fast jeder Zeit das Ziel irgendeiner Lästerattacke ist und dass die Leute – sehr gerne auch nahe Angehörige, Freunde oder Kollegen – über unseren Lebensentwurf und unser Handeln urteilen.

Sozialforscher sind sich heute sehr sicher, dass dies kein Nachteil für die Menschheit ist. Im Gegenteil: Die Forscher argumentieren, dass die menschliche Fähigkeit zum Lästern funktional und eine Mitursache dafür ist, dass wir so gut miteinander kooperieren können. Wie aber soll Lästern zu Kooperation führen? Der Historiker Yuval Noah Harari beschreibt, dass die soziale Komponente ein Grund für die Evolution von

Sprache gewesen sei. So zeigen sozialpsychologische Experimente mit künstlichen Gruppenzusammensetzungen etwa, dass Gruppen, denen man Lästereien ermöglicht, besser kooperieren und dadurch zu mehr Wohlstand kommen.[71] Die Psychologen Henri Tajfel und John C. Turner beschrieben bereits in den 1970er-Jahren, dass es ein ureigenes Ziel des Menschen sei, als Mitglied einer Gruppe anerkannt zu sein. Wenn wir Ziel einer Lästerattacke werden, greift das unseren Status als Mitglied der Gemeinschaft an. Dies gilt es zu vermeiden. Kooperation entsteht dadurch, dass wir nicht aus der Gruppe ausgestoßen werden wollen. Dieses starke Bedürfnis nach Zugehörigkeit ist es, was uns letztlich an einem Strang ziehen lässt und warum wir fair zu anderen sind. Der Tango zwischen Lästern und Zusammenarbeiten kann daher genau das Gleichgewicht darstellen, durch das die Menschheit sich kooperativer entwickelt als viele andere Arten.

Die Fähigkeit, über andere zu urteilen und Mitmenschen zu bewerten, ist daher eine Kernkompetenz des Menschen. Wir streben danach, mit den Netten gemeinsame Sache zu machen und wollen, dass die Fieslinge ihre gerechten Strafen erhalten. Wir möchten nicht, dass diejenigen, die nie etwas zum Gemeinwohl beitragen, von der Gruppe profitieren. Diese starken Gefühle der sich ausgleichenden Gerechtigkeit (*Reziprozität*) machen uns zum Menschen.

Umso interessanter ist die Frage, wie Kinder lernen, Menschen einzuschätzen und zu bewerten. Sie müssen die sozialen Gesetze unserer Spezies durchschauen und sich entsprechend verhalten. Über andere zu urteilen gehört dazu.

Dem Lästern liegt nämlich zugrunde, dass wir andere Menschen sozial bewerten. Erwachsenen Menschen gelingt dies spielend. So zeigt etwa die Forschung der viel zu früh an Leukämie verstorbenen Psychologin Nalini Ambady, dass Menschen bereits durch sogenannte *Thin Slices* akkurat über Menschen urteilen können. Ein *Thin Slice* ist eine kurze, nonverbale Videosequenz eines Menschen, nach deren Anschauen wir zum Beispiel ausgesprochen gut Kompetenz, Intelligenz oder Persönlichkeit korrekt einschätzen können.

Doch wie früh beherrscht ein Baby die Fähigkeit, über andere zu urteilen? Welche Personen präferiert es? Uns liegen einige Erkenntnisse darüber vor, dass schon sehr junge Babys im Alter von wenigen Monaten ein Faible für physische Attraktivität haben. Sie schauen lieber auf schönere Menschen. Darüber hinaus präferieren Babys den Anblick von Menschen, die positive Emotionen zeigen und die sie direkt anschauen.

Kiley Hamlin, Karen Wynn und Paul Bloom erforschten darüber hinaus die Frage, ob Kinder bereits zur sozialen Evaluation, also Bewertung, fähig sind, bevor diese sprechen können. Würden Babys lästern, wenn sie reden könnten? Selbstverständlich ist hiermit nicht lästern im klassischen Sinne gemeint, sondern vielmehr die Frage, ob die Kinder sozial urteilen können, selbst wenn sie noch nicht sprechen. Es ist für Menschen unmöglich, den Tag zu überstehen, wenn er die Handlungen und Intentionen der anderen nicht adäquat einschätzen kann. Ist das Anrempeln in der U-Bahn eine Kriegserklärung, auf die es sich zu wehren lohnt, oder nur der Nebeneffekt einer kleinen Unaufmerksamkeit? Ist die Tatsache, dass ein Mitglied des Sportvereins nie etwas zum gemeinsamen Grillfest beisteuert, böswillig und selbstsüchtig, oder liegt es einfach in der Natur des sonst sehr liebenswürdigen Schlendrians? Die Antwort auf die Frage, ob es sich um eine zielgerichtete Aktion oder Zufall handelt, ist essenziell für das soziale Miteinander.

Kiley Hamlin, Karen Wynn und Paul Bloom erforschten in einer Reihe von Experimenten, wie Babys und kleine Kinder soziale Bewertungen vornehmen. Eine zentrale Frage war, ob Babys im Alter von lediglich drei Monaten in der Lage seien, gutes und schlechtes Sozialverhalten voneinander zu unterscheiden. Interessieren sich Babys eher für Menschen, die anderen helfen als für solche, die anderen schaden?

Das Forscherteam stellte hierfür eine Art kleines Kino am Ende eines Tisches auf. Die primäre Bezugsperson nahm das Baby auf den Schoß, und die beiden betrachteten folgende sich abspielende Szenerie: Eine hölzerne geometrische Figur (ein Kreis) versucht, auf einen Berg zu gelangen. Als sie dies nicht schafft, kommt ihr eine andere Figur (ein Viereck) zu Hilfe. In einer anderen Version hindert das Viereck den Kreis daran, auf den Berg zu klettern. Jede Szene wird einmal mit »menschen-ähnlichen« Figuren mit aufgeklebten Augen durchgespielt und einmal mit Figuren ohne menschliche Merkmale.

Die Forscher fanden heraus, dass sich die Babys anschlie-ßend sehr viel stärker für die Figur interessierten, die der anderen geholfen hatte. Dies war jedoch nur der Fall, wenn es sich um die Figur mit den Augen handelte. Die Forscher schlossen daraus, dass kleine Babys im Alter von drei Mona-ten schon über die Fähigkeit verfügen, soziales und antisozia-les Verhalten zu unterscheiden und sich eher Ersterem zuge-neigt fühlen.

Eine Frage, die durch das Experiment jedoch unerklärt blieb, ist diejenige, ob Babys eine Zuneigung zu sozial agierenden Personen haben oder schlicht eine Abneigung gegen solche, die sind antisozial verhalten (oder beides). Die Präferenz *für* das soziale Figürchen könnte auch schlicht daher kommen, dass die Babys eine Abneigung *gegen* das gemeine Figürchen hegten. Irgendwo müssen die Babys ja hinschauen. Sie würden, sofern die zweite Alternative stimmt, zum »kleineren Übel« schauen.

Daher führten die Forscher ein sehr ähnliches Experiment durch, in dem sie die positiv und negativ behafteten Figuren nicht direkt gegeneinander antreten ließen, sondern im Vergleich zu einer neutralen Figur, die weder half noch schadete. Und es zeigte sich tatsächlich, dass Babys eher eine Abneigung gegenüber Gemeinheit haben. Sie schauten deutlich häufiger auf den neutralen Charakter, wenn dieser gegen den Gemeinen antrat. Wenn der neutrale Charakter jedoch gegen den helfenden Charakter antrat, schauten die Babys gleich häufig auf beide. Bereits im Alter von drei Monaten verfügen Menschen also über die Fähigkeit, über antisoziale Artgenossen zu urteilen und versuchen, diese aus der (eigenen) Sinneswelt auszustoßen. So wie wir im Café über jemanden lästern, dessen Verhalten uns nicht passt, haben Babys sehr früh eine Abneigung gegenüber unsozialen Menschen.

In einer weiteren Studie befasste sich das gleiche Forscherteam mit den Reaktionen etwas älterer Babys zwischen sechs und zehn Monaten. Auch hier waren die Forscher daran interessiert zu erfahren, ob Babys eine Aversion gegen »Gemeinheiten« haben oder nicht. Dazu ließen sie die Miniprobanden erneut eine Situation betrachten, in der ein sich selbst bewegender Gegenstand – ein hölzernes Viereck oder ein hölzerner Kreis mit Augen – zu einem anderen sich eigenständig bewegenden Gegenstand nett ist oder nicht. Dies veranschaulichten die Forscher erneut dadurch, dass die eine Figur der anderen entweder dabei half, einen Berg zu erklimmen oder ihn daran hinderte.

Wie im vorherigen Experiment machten sich die Forscher erneut das Blickdauerparadigma von Robert Fantz zu Nutze. Sie erfassten die Blickrichtung der Babys und maßen außerdem die Dauer der Betrachtung. In den Experimenten mit den sechs- bis zehnmonatigen Teilnehmern zeigten sich identische Ergebnisse wie bei der Studie der dreimonatigen Babys. Jedoch interessierten sich die etwas Älteren zusätzlich für den netten Charakter, indem sie diesen deutlich länger betrachteten als den neutralen. Babys beider Altersgruppen zeigten ebenfalls eine klare Abneigung gegenüber dem »fiesen« Charakter, nämlich dem, der den Bergsteiger am Klettern hinderte. Die Ergebnisse legen also nahe, dass Babys zuerst eine Abneigung gegenüber Antisozialem (ab dem Alter von circa drei Monaten) und dann erst eine Präferenz für Soziales entwickeln (etwa ab dem Alter von sechs Monaten).

Die Ergebnisse dieser Versuche decken sich mit der Überzeugung, die auch ich in diesem Buch vertrete: Babys sind zu viel mehr fähig als im Allgemeinen gedacht. Kiley Hamlin und Kollegen schreiben in ihrem Forschungsbericht: »Unsere Befunde legen nahe, dass Menschen zur sozialen Evaluation sehr viel früher im Stande sind als bisher bekannt.«[72] Die Fähigkeit zur Bewertung unserer Mitmenschen scheint also zu den universellen Dingen zu gehören, die uns in die Wiege gelegt worden sind.

Leute gucken ist eine zutiefst menschliche Eigenschaft. Wir schauen, evaluieren und entscheiden, wen mir mögen und wen nicht. Dies ermöglicht uns, flexibel zu kooperieren, nicht nur mit unseren Verwandten, auch mit den Fremden, die uns umgeben. Von klein auf gelingt es dem Menschen also, die Guten und die Bösen auseinanderzuhalten, was eine Kernvoraussetzung dafür ist, dass wir selektiv mit anderen kooperieren. Hierauf basierend kann eine Kooperationsstrategie wie Tit for Tat

Erfolg haben. Eine der ersten wissenschaftlichen Durchbrüche von Babys ist die Erkenntnis, dass Menschen unterschiedliche Verhaltensweisen an den Tag legen können. Die kleinen Forscher setzen diese Erkenntnis in soziales Verhalten um, indem sie die Nähe der netten Menschen suchen.

Vertrauen in Vernunft

Wenn man in Deutschland als Fußgänger eine grüne Ampel überquert, verlässt man sich normalerweise darauf, dass man nicht überfahren wird. Das Vertrauen in die Vernunft der anderen ist ein grundlegendes Element des menschlichen Seins, nicht nur, da es Kooperation (zum Beispiel zwischen Verkehrsteilnehmern) ermöglicht, sondern auch Koordination erlaubt (bei Grün darf ich gehen, wenn ich Rot habe, darf der andere losfahren). Ein gesundes Mittelmaß zwischen Vertrauen und Misstrauen zu finden, ist daher ein sehr wichtiger Meilenstein in der sozialen Entwicklung eines Menschen. Was es braucht, ist eine Theorie, die Vorhersagen darüber erlaubt, wie das Verhalten eines anderen einzuschätzen ist und was man daraus auf sein kommendes Verhalten schließen kann. Üblicherweise gelingt uns Erwachsenen das sehr leicht. Wir sehen recht schnell, ob man jemandem vertrauen kann oder ob eine Person eine potenzielle Gefahr darstellt. Und zwar tun wir das, indem wir überlegen, ob er seine Entscheidungen rational nach einer Kosten-Nutzen-Abwägung trifft. Dazu sehen wir seine bereits getroffenen Entscheidungen (in der Mikroökonomie nennt man diese »offenbarte Präferenzen«) an und suchen daraus auf seine jeweiligen Vorlieben und Beweggründe zu schließen. Wenn ich immer im selben Laden einkaufe, wird man daraus schließen, dass ich gerne dort und nicht in einem anderen Laden einkaufe. Liegt mein präferierter Laden weiter weg als der andere Laden, wird das in anderen die Frage auslösen, ob die Ursache für mein Handeln vernünftig ist oder ob ich schlicht irrational bin. Auf die Entwicklungspsychologie übertragen lautet entsprechend die zentrale Frage: Erkennen auch schon kleine Kinder aus derlei Verhaltensmuster eine Vorliebe des Handelnden? Haben sie bereits eine Theorie der »offenbarten Präferenzen«, und ziehen sie daraus Schlüsse und machen Vorhersagen für zukünftiges Verhalten?

Die Entwicklungspsychologen Julian Jara-Ettinger, Hyowon Gweon, Joshua Tenenbaum und Laura Schulz widmeten sich der Frage, ob Kinder in der Tat ein Bewusstsein für die innere Kosten-Nutzen-Abwägung eines anderen entwickeln, wenn sie lediglich sein Verhalten und seine Belohnung dafür beobachten können.

Hierbei ist der Gedanke wichtig, dass Kosten und Nutzen sowohl *interne* als auch *externe* Komponenten haben. So ist eine externe Komponente die Tatsache, dass zum Beispiel hohe Mauern *immer* schwieriger zu erklimmen sind als niedrige Mauern, und diese Tatsache ist für jeden Menschen gleich. Interne Komponenten, die für den Beobachter unsichtbar bleiben, beeinflussen jedoch gleichermaßen die Kosten-Nutzen-Berechnung. Manche *finden* es *subjektiv* nicht so schwer wie andere, über dieselbe Mauer zu klettern.

Julian Jara-Ettinger und seine Kollegen untersuchten, ob Kinder in der Lage sind, über die *unbeobachtbaren* Aspekte nachzudenken. Sie gingen der Frage nach, ob Kinder verstehen, dass individuelle, nicht beobachtbare Kosten das Handeln der Menschen leiten. Eine positive Antwort würde nahelegen, dass schon kleine Kinder sich intensiv über das Innenleben ihrer Mitmenschen Gedanken machen.

Im Experiment der Forscher beobachteten Kinder eine Puppe dabei, wie sie in zwei aufeinanderfolgenden Situationen nach einer Frucht griff. In der ersten Situation waren die Kosten für beide Früchte unterschiedlich: Die eine Frucht (eine Banane) lag auf einem niedrigen Podest und die andere (eine Wassermelone) auf einem hohen. Die Puppe ergriff die Banane auf dem niedrigen Podest. In der zweiten Situation waren die Podeste gleich hoch, und die Puppe ergriff diesmal die Wassermelone.

Den meisten Kindern im Alter von vier und fünf Jahren gelang es nicht nur, die externen Kosten (hohe Podeste sind schwieriger als niedrige Podeste) korrekt einzuschätzen, sondern sie waren auch im Stande, die versteckten Kosten adäquat einzuschätzen. Auf Fragen danach antworten die Kinder, dass sich die Puppe die Banane lediglich aus dem Grund genommen habe, dass diese sehr viel einfacher zu erreichen gewesen sei als die Wassermelone – der Spatz in der Hand ist besser als die Taube auf dem Dach. Bevor Kleinkinder in die Schule kommen, scheinen sie also schon eine ausgereifte naive Theorie ökonomischen Verhaltens zu haben. Sie handeln nicht nur selbst nach Kosten-Nutzen-Kalkül, sie wissen auch, dass andere Menschen dies ebenfalls tun.

In einem weiteren Experiment erforschte das Team, ob Kinder sogar ganz gezielt versuchen, durch kausale Manipulation – also durch die Nutzung kleiner Experimente – Information über die Neigungen der anderen zu gewinnen.[73] Hierzu drehten die Forscher das Experiment um. Statt die Belohnung zu platzieren und die Vierjährigen aus dem Verhalten der Puppe auf deren Präferenz schließen zu lassen, war es nun die Aufgabe der Kinder, die Belohnung so zu platzieren, dass anschließend durch das Verhalten der Puppen deren Präferenzen deutlich wurde. Nahezu allen Kindern gelang es, das Experiment so zu gestalten, dass das Verhalten des Versuchskaninchens möglichst viele

Rückschlüsse über dessen Vorlieben zuließ. Das heißt, dass schon kleine Kinder Versuche durchführen, wie experimentelle Wirtschaftsforscher dies in den Laboren der Universitäten tun, um sich über das Verhalten und die inneren Vorgänge anderer ein Bild zu machen.

Die Qualität des Helfens

Stellen wir uns folgende Situation vor. Wir möchten eine Gartenparty organisieren, bei der auch gegrillt werden soll. Das Fleisch und die vegetarischen Alternativen sind besorgt, sämtliche Getränke sind auf angenehme Trinktemperatur gekühlt und der Garten ist schön geschmückt. Der Party steht nichts mehr im Weg. Doch als der Grill angefeuert werden soll, fällt auf: Es ist keine Kohle mehr da. Es ist in jedem Fall zu spät, jetzt noch einmal zum Supermarkt aufzubrechen, da auch noch der Salat und die anderen Speisen vorbereitet werden wollen. Die einzige Möglichkeit, die Party zu retten, ist, einen der Gäste anzurufen und diesen zu bitten, eben noch beim Supermarkt Grillkohle zu besorgen.

Der Gastgeber ruft nun einen der Gäste an und bittet ihn, auszuhelfen. Der Gast sagt, dass er es leider nicht mehr schaffe. So weit so gut. Überlegen wir, wie unser Urteil über die Person ausfallen würde, wenn wir weitere Informationen hätten. Angenommen, der Gast ist ein direkter Nachbar aus dem Dorf. Der nächste Supermarkt liegt etwa 20 Kilometer weit entfernt und wir wissen, dass der Gast hierzu nicht nur mit dem Auto fahren, sondern vorher auch noch das Baby aus dem Mittagsschlaf wecken und es anziehen müsste. Vermutlich würden wir ihm verzeihen, dass er unserer Bitte nicht nachkommen mag. Stellen wir uns nun einen anderen Gast vor. Dieser verneint ebenfalls die Bitte, Kohle mitzubringen. Anders als der erste Gast wohnt dieser aber direkt neben dem

123

Supermarkt, muss sich nicht um ein Baby kümmern und geht ohnehin noch den Wocheneinkauf erledigen, bevor er sich zur Party aufmacht. Wie würden wir die beiden Personen sozial evaluieren?

Es ist recht klar, dass wir letztere vermutlich am liebsten von der Party ausladen würden – aber warum? Beim prosozialen Helfen kommt es nicht nur auf den Akt an sich an, wir interpretieren aus den Kosten auch die Qualität des Helfens. Für die erste Person wäre es sehr kostenintensiv, die Kohle zu besorgen. Auf das Nicht-Helfen reagieren wir also mit Verständnis. Der andere Gast hat offensichtlich eine sehr viel niedrigere Kostenstruktur. Für ihn wäre es eine Kleinigkeit, die Kohle mitzubringen. Die Tatsache, dass er offenbar nicht mal willens ist, durch derart kleine Kosten zum Gelingen der Party beizutragen, lässt uns mit Unverständnis reagieren.

Wir bewerten soziales Handeln also nicht nur in Bezug auf den Nutzen, den diese Handlung bringt (die Kohle muss zum Grill), sondern auch in Bezug auf die Kosten, die dem Helfenden dadurch entstehen. Verneint jemand eine Bitte um Hilfe, obwohl es diese Person praktisch nichts kostet, führt das zu einer negativen sozialen Evaluation. Umgekehrt gilt: Hilft jemand trotz hoher Kosten, erhält er eine umso bessere soziale Evaluation. Der Nachbar, der sich trotz langer Autofahrt und Baby bereit erklärt, die Extra-Tour zum Supermarkt zu übernehmen, zeigt, dass man auf ihn zählen kann.

Julian Jara-Ettinger, Joshua Tenenbaum und Laura Schulz untersuchten, ob bereits sehr kleine Kinder in der Lage sind, derlei Überlegungen anzustellen. Konkret erforschten sie Kinder, die etwa zwei Jahre alt waren.[74] Um eine adäquate soziale Evaluation durchzuführen, brauchen wir explizites Wissen über den Nutzen, den eine Tat erbringt, sowie über die Kosten, die eine helfende Person dafür zu tragen bereit ist. Können Zweijährige das bereits?

Ein Elternteil und ein Kind wurden hierzu an einen Tisch des Kindermuseums in Boston gesetzt. Der kleine Proband konnte die Experimentanordnung sehen, der Elternteil nicht. Daraufhin gab der Versuchsleiter dem Kind ein Spielzeug in die Hand und stellte ihm zwei Puppen vor. Er sagte: »Hier sind meine zwei Freunde, sie werden dir zeigen, wie das Spielzeug funktioniert.« Zunächst nahm die erste Puppe das Spielzeug, drückte den Knopf, woraufhin Musik ertönte. Anschließend näherte sich die zweite Puppe dem Spielzeug und versuchte vergeblich, es in Gang zu setzen. Nach dieser kleinen Show nahm der Elternteil das Kind, platzierte es an einem dafür vorgesehenen Punkt im Raum, der gleichweit von beiden Puppen weg war. Der Versuchsleiter fragte das Kind, mit welcher der beiden Puppen es nun spielen möchte, und eine Mehrheit von mehr als 90 Prozent bevorzugte die kompetentere Puppe, die das Spielzeug ohne Mühe in Gang gesetzt hatte.

Dies zeigt, dass kleine Kinder kompetentere Puppen bevorzugen, es zeigt uns aber noch nicht, inwieweit die Kinder andere danach bewerten, ob sie sich prosozial verhalten oder nicht. Daher folgte eine zweite Studie mit einer leichten Abwandlung des Experiments. Der Aufbau und die Show waren an sich gleich, jedoch folgte am Ende des Experiments nicht die Frage, mit welcher Puppe die Kinder spielen wollen, sondern folgende Situation: Die Eltern sahen ja nicht – zumindest glaubten dies die Kinder – wie das Spielzeug angeschaltet wird. Der Versuchsleiter gab nun den Eltern das Spielzeug zur Hand, und die Eltern folgten einer Instruktion, die der Versuchsleiter zuvor gegeben hatte. Sie fragten die Puppen nacheinander, ob sie helfen wollten, das Spielzeug in Gang zu setzen. Beide Puppen antworteten mit »Nein«. Würden die Kinder ihre Evaluation nun von den jeweiligen Kosten der beiden Puppen abhängig machen? Für die kompetente Puppe wäre es sehr leicht gewesen, das Spielzeug in Gang zu setzen. Mit wem wollten die Kinder wohl lieber spielen?

Im Gegensatz zu der Erwartung präferierte die Mehrheit der Kinder nach wie vor die kompetente Puppe. Auch wenn es für diese leichter gewesen wäre, dem Elternteil zu helfen, führte dies nicht zu einer Reaktion der Kinder. Können Kinder im Alter von zwei Jahren also noch nicht versteckte Kosten berücksichtigen? Die Antwort lautet: vielleicht.

Das Problem ist, dass dieses Experiment zwei Dimensionen mischt, Kompetenz und Prosozialität. Das erste Experiment zeigte deutlich, dass Zweijährige die kompetente Puppe präferieren. Diese Präferenz war im zweiten Experiment etwas abgeschwächt, aber die Mehrheit bevorzugte nach wie vor die kompetente Puppe. Die entscheidende Frage für die soziale Evaluation, also die Bewertung der untersagten Hilfe, ist aber nicht die Kompetenz, sondern die Prosozialität: Wie nett finden die Kinder die beiden Puppen? Diese Vermischung der Urteilsdimensionen ist schwierig. Wenn eine Fußballmannschaft einen sehr guten Spieler im Team hat, der aber sozial eine absolute Katastrophe ist, wird die Mannschaft den Fußballer trotzdem in ihren Reihen behalten wollen. Denn auch wenn die anderen ihn nicht mögen, brauchen sie ihn schlichtweg, um das Spiel zu gewinnen.

In einer weiteren Studie trennten die Forscher daher die beiden Fragen nach Kompetenz und sozialer Evaluation. Statt zu fragen: »Mit wem möchtest du spielen?«, fragten sie: »Wen findest du netter?« War die Frage so gestellt, fiel die Antwort eindeutig aus: Die überwiegende Mehrheit fand die inkompetente Puppe netter. Für sie wäre das Helfen sehr viel anstrengender gewesen, sodass ein legitimer Grund bestand, die Hilfe zu verweigern.

Die Ergebnisse legen nahe, dass Zweijährige sich schon Gedanken über die Intentionen und Fähigkeiten anderer Menschen machen. Sie passen ihr Urteil über die jeweilige Person an die implizite Kostenstruktur an. Für Eltern können diese Resultate ein Trost sein. Obwohl die Kinder noch sehr klein sind, haben sie ein Verständnis dafür, dass Helfen trotz hoher Kosten ein besonderes Signal der Prosozialität ist. Vielleicht mögen sie uns Eltern, weil wir ständig diese Kosten ertragen und ihnen dies bewusst ist.

Lügen und Betrügen – eine geistige Meisterleistung

Als Niccolò Machiavelli mit seiner Arbeit an *Der Fürst* begann, war er zutiefst unzufrieden mit der italienischen Politführung. Er sprach ihnen die Kompetenz ab und legte mit seinem Werk, das um das Jahr 1513 erschien, einen wahren *How-to*-Ratgeber vor. Hierbei bezeichnete er die wohl eingesetzte Lüge und die Manipulation als Meisterleistung des politischen Schaffens. Bis heute gilt Machiavelli als Urinstanz eines manipulativen Politikstils. In der Psychologie gibt es heute sogar den Machiavellisten als Persönlichkeitsprofil, dem man zuneigt, wenn man Aussagen wie diese unterstützt: »Es ist klug, wichtigen Menschen zu schmeicheln« oder: »Die beste Art im Umgang mit Leuten ist, ihnen das zu sagen, was sie hören wollen« oder auch: »Man sollte nie jemandem den wahren Grund für seine Handlung mitteilen, es sei denn, es nützt einem«.

Machiavellis Handlungsempfehlung, es mit der Wahrheit nicht immer so genau zu nehmen und die Manipulation geschickt einzusetzen, scheint heute zur Grundausbildung von Spitzenpolitikern zu gehören. Und tatsächlich: Lügen schaden den Politikern nicht wirklich, hat man den Eindruck. Selbst notorische Lügner schaffen es häufig, sich lange im Amt zu halten. Wenn man sich aber die kognitive Ebene mal genauer anschaut und die moralische Komponente vernachlässigt, ist die Lüge eine wahnsinnig beeindruckende geistige Fähigkeit.

Es braucht sehr komplexes Wissen, um jemandem eine Lüge aufzutischen. Man muss sich darüber im Klaren sein, dass Menschen einen unterschiedlichen Kenntnisstand haben können und wissen, wie konkret dieser bei der anzulügenden Person aussieht. Außerdem man muss das Wissen der anderen Person unter Kontrolle halten, teilweise über eine sehr lange Zeit. Bezogen auf das Verständnis der sozialen Welt ist Lügen also eine Meisterleistung. Mag man emotional bluten, wenn einen die eigenen kleinen Kinder anlügen, sollte man rein kognitiv eher begeistert sein.

Als Lüge gilt hier der zielgerichtete Versuch, eine andere Person davon zu überzeugen, dass etwas wahr ist, von dem wir *wissen*, dass es *nicht* wahr ist. Umgekehrt heißt das: Um die sozial-kognitive Leistung zu messen, ist es wichtig, dass Kinder die Lüge selbst *nicht* glauben. Das Lügenverhalten kleiner Kinder ist im Alter von bis zu drei Jahren noch nicht ganz ausgeprägt, weil es ihnen trotz ihres immensen sozialen Wissens noch nicht gänzlich gelingt, exakt Buch darüber zu führen, was andere wissen.

In einem klassischen Experiment zur Fähigkeit des Lügens wurden die Kinder jeweils alleine in ein Labor und vor eine Kiste gesetzt, die mit etwas gefüllt war. Bevor die Laborassistenten den Raum für eine Weile verließen, gaben sie den Kindern die Instruktion, nicht in die Kiste zu schauen. Für Dreijährige ist dies eine Tortur. Wie Wissenschaftler sind Kinder neugierig, und es war den kleinen Probanden fast unmöglich, *nicht* zu erforschen, welchen Inhalt die Kiste hatte. So ist es kaum überraschend, dass die meisten Kinder in der Tat nachsahen, was sich in der Kiste befand. Natürlich versuchten sie, den Erwachsenen eine Lüge aufzutischen, sobald diese den Raum wieder betraten. Auf die Frage:»Hast du geschaut, was in der Kiste ist?«, antworteten die meisten dreijährigen Kinder überzeugend mit: »Nein, habe ich nicht.« Anschließend folgte jedoch eine kleine Konversation zwischen dem Kind und der erwachsenen Person. In diesem Gespräch erzählten die Kinder bereitwillig, was sie alles gesehen hatten, während die Versuchsleiterin nicht im Raum war. Sie plauderten hierbei stets aus, was sie gar nicht hätten wissen dürfen. So lügen Kinder zwar in diesem Alter, ihnen gelingt es jedoch noch nicht, die Lüge anschließend zu schützen. Im Gegensatz dazu gelingt es Fünfjährigen regelmäßig, die Lüge aufrecht zu halten, indem sie eine konsistente Geschichte erzählen. In einer Konversation tun die Kinder dann so, als ob sie nicht wissen würden, was sich in der Kiste befindet.

Eine der wesentlichen Voraussetzungen für eine Lüge ist es, dass man eine *Theory of Mind* hat, zu Deutsch eine »Theorie des Geistes«. Man bezeichnet damit die Fähigkeit, zu erkennen, dass andere Menschen andere Gefühle, Gedanken, Wissensstände, Erwartungen oder Meinungen haben. Hierzu muss man natürlich wissen, dass man selbst Gedanken, Gefühle und Erwartungen hat.

Eines der wesentlichen experimentellen Paradigmen in der Erforschung der Theory of Mind beim Menschenbaby ist der sogenannte *False-Belief-Test*. Dabei beobachtet ein Kind, wie ein Erwachsener den Raum verlässt und jemand anders daraufhin ein Objekt von einem Schrank in einen anderen räumt. Auf die Frage, wo die erste Person denn wohl danach suchen werde, nennen Kinder, die noch keine Theory of Mind besitzen, den neuen Ort. Sie wissen nicht, dass die Person, die den Raum verlassen hat, über einen älteren Wissensstand verfügt als sie, die direkten Beobachter. Besitzen die Kinder jedoch bereits eine Theory of Mind wissen sie, dass derjenige, der den

Raum verlassen hat, über ein anderes, nun falsches Wissen verfügt und enttäuscht sein wird, das Objekt nicht auf Anhieb zu finden.

Den False-Belief-Test schaffen Kinder im Schnitt im Alter von vier Jahren. Ein Nachteil an diesem Test ist jedoch, dass er keinen Aufschluss darüber gibt, ob auch präverbale Kinder bereits eine native Theorie haben. Renée Baillargeon, Rose Scott und Zijing He begutachteten im Jahr 2010 sämtliche bekannte Forschung zu Alternativen des klassischen False-Belief-Tests und kamen zum Schluss, dass Kinder bereits im zweiten Lebensjahr eine gute Chance haben, den Test zu bestehen. Es könnte also sein, dass Kinder bereits eine Theory of Mind haben, sobald sie zwei Jahre alt sind. Jedoch sind die Schlüsse noch nicht ganz klar, da auch andere kognitive Variablen den Effekt erklären können.[75]

Die Forschungsarbeiten von Yuyan Luo setzen noch früher ein. In einem Experiment versuchte sie, eine Art False-Belief-Test bei zehn Monate alten Babys durchzuführen. Bereits Kristine Onishi und Renée Baillargeon[76] konnten nachweisen, dass in einem Blickdauerexperiment ein Verständnis der Gedanken anderer nachweisbar ist. Und auch Yuyan Luos Ergebnisse zeigten, dass zehnmonatige Babys ein gewisses Verständnis dafür zu haben scheinen, dass andere Menschen etwas anderes im Kopf haben als das Baby selbst. Allerdings könnten die Babys, die etwas länger auf eine bestimmte Situation blicken, auch einfach eine vage Vermutung haben, dass irgendetwas an der Situation faul ist. Die Blickdauer kann lediglich bedeuten, dass die Babys es für ein klein wenig wahrscheinlicher halten, dass andere Menschen vielleicht etwas anderes denken als man selbst. Insgesamt scheint die Forschung aber nahezulegen, dass irgendetwas im Kopf der zehnmonatigen Babys geschieht, wenn diese mit False-Belief-Situationen konfrontiert werden. Sie scheinen zu ahnen, dass ihr Wissen subjektiv ist.

Der Brokkoli-Test

Neben der Tatsache, dass die Gefühle, das Wissen und die Erwartungen ihrer Mitmenschen sich von den ihren unterscheiden, ist es für die kleinen Sozialwissenschaftler wichtig, dass andere Menschen auch andere Vorlieben und Geschmäcker haben.

Es gibt einige Evidenz dafür, dass Kindern dies sehr viel früher bewusst ist als die Tatsache, dass Wissen zwischen den Menschen unterschiedlich ist. Dies lässt sich durch ein mittlerweile klassisches Experiment in der Entwicklungspsychologie eindrucksvoll zeigen.[77] Eine Versuchsleiterin setzt sich mit zwei Schälchen vor ein Kleinkind im Alter von 18 Monaten. In einem der beiden Schälchen sind Cracker, im anderen befindet sich Brokkoli als Rohkost. Es ist wenig überraschend, dass die Kinder sich eher zum Cracker hingezogen fühlen als zum Brokkoli. Gibt man den Kindern die Wahl, entscheiden sich praktisch alle Kinder für die Cracker. Das Experiment zur Überprüfung eines Verständnisses von unterschiedlichen Präferenzen sah nun wie folgt aus: Die Versuchsleiterin setzte sich vor die Kinder, nahm sich einen Cracker und machte eine bejahende Geste: *Mmmh, leckere Cracker*. Anschließend probierte sie ein Stück Brokkoli und machte eine ablehnende Geste: *Igitt, Brokkoli*. Daraufhin stellte sie die Schälchen vor das Kind und fragte, ob es ihr helfen könne, an das Essen heranzukommen. Die Kinder waren nett und gaben der Versuchsleiterin einen Cracker. Dies ist nicht verwunderlich: Cracker schmecken schließlich gut.

Wenn man das Experiment nun leicht abändert, ergibt sich eine interessante Variation. Man stelle sich vor, die Versuchsleiterin vertausche ihre Reaktionen: *Cracker – igitt* und *Brokkoli – mmmh*. Nun stimmen die Präferenzen der Versuchsleiterin nicht mehr mit denjenigen des Kindes überein. Bittet man nun die Kinder, der Versuchsleiterin etwas Essbares zu reichen, kann man prüfen, ob die Kleinen erstens wissen, dass die Versuchsleiterin Brokkoli gerne mag und zweitens, ob sie dieses Wissen wider den eigenen Geschmack einsetzen, um der Versuchsleiterin etwas zu geben, das sie gerne mag. Kindern im Alter von 14 Monaten gelingt dies regelmäßig nicht. Fragt man sie um Hilfe, reichen sie konsequent einen Cracker. Sie lächeln die Versuchsleiterin dabei an und sind sich keiner Schuld bewusst, deren wahre Präferenz missachtet zu haben.

Im Gegensatz dazu reagieren Kinder im Alter von 18 Monaten anders. Sie mögen zwar denken: *Wie widerlich, Brokkoli*, aber sie respektieren die Vorliebe der Versuchsleiterin und versorgen sie mit einem für sie schmackhaften Brokkoli-Stück. Sie wundern sich zwar und staunen, wie denn irgendjemand auf die verrückte Idee kommen kann, den Cracker zu verschmähen, aber sie akzeptieren, dass Präferenzen unterschiedlich sind und bedienen diese korrekt. Kinder wissen also mit etwa eineinhalb Jahren, dass sie andere Wünsche, Gefühle, Geschmäcker und Erwartungen haben können als ihre Mitmenschen. Sie navigieren äußerst erfolgreich durch die Wirrungen der sozialen Spezies Mensch und sind tolerant gegenüber offensichtlich komischen Vorlieben für Rohkost-Brokkoli. Kinder ab dem Alter von 18 Monaten sind bereits in der Lage zu verstehen, dass jeder Mensch seine eigenen Präferenzen hat und erfüllen den anderen Menschen ihre Bedürfnisse, auch wenn sie ihnen komisch erscheinen.

Licht einschalten per K(n)opfdruck

Sobald kleine Kinder herausfinden, wie etwas funktioniert, etwa der Lichtschalter der Nachttischlampe, wird experimentiert, was das Zeug hält. Licht an, Licht aus, Licht an, Blick zu Mama, Licht aus, »Ooooh«, Licht an, Blick zu Papa, und so weiter. Besonders gerne scheinen Kinder die Nachttischlampe testen zu wollen, wenn man versucht, sie ins Bett zu bringen. Als forschungsfreudiger Vater stellt man sich immer die Frage: Wie viel Experimentieren lässt man noch zu, bevor die Frage schließlich lauten wird: Wie kriegt man ein zu sehr übermüdetes Kind noch ins Bett?

Nicht selten lernen Kinder über Imitation. Sie sehen, wie Eltern das Licht anknipsen und versuchen es dann auch. Aber kopieren unsere Sprösslinge uns bedingungslos? Ich selbst bin Linkshänder und habe mich stets gefragt, ob und wann mein älterer Sohn wohl erkennen würde, dass ich meine »starke« Hand nutze, dies aber nicht notwendigerweise bedeutet, dass er auch die linke Hand nehmen soll. Wenn man einmal darüber nachdenkt, kommt man zu dem Schluss, dass Kinder definitiv mehr leisten als bloßes Imitieren. Mein Sohn ahmt mein Verhalten nach, zum Beispiel beim Zähneputzen, aber er nutzt spontan seine rechte Hand. Dies gelingt jedoch lustigerweise nicht immer. Einmal saß man Sohn in einer Spielgruppe vor einer Trommel und die Gruppenleiterin animierte ihn, auf die Trommel zu hauen. Da sie keine eigene Trommel hatte, trommelte sie wild in die Luft. Mein Sohn beobachtete sie genau, lächelte sie an und trommelte ebenso wild in die Luft, während seine Trommel stumm blieb, sicher, dass er ihre Instruktion wunschgemäß ausgeführt hatte.

Die Frage danach, was genau Kinder imitieren, stellte nicht nur ich mir, der Entwicklungspsychologe Andrew Meltzoff[78] und sein Team taten es auch und erdachten ein sehr spannendes Experiment. Sie luden 18-monatige Babys in einen Versuchsraum ein und zeigten ihnen folgendes Szenario: Erwachsene, die kurioserweise die Hände verbunden hatten, nutzen die Stirn, um einen Lichtschalter zu bedienen. Die Kinder beobachteten genau, was die Erwachsenen dort trieben, und ihre Aufgabe war, das Licht anschließend zum Leuchten zu bringen. Aus der Beobachtung zogen sie aber keineswegs den Schluss, dass man das Licht mit dem Kopf anschaltet. Vielmehr führten sie das »komische Verhalten« auf die Tatsache zurück, dass die Hände verbunden waren. Sie wussten also, dass die Art und Weise des Anschaltens durch die Einschränkung des Erwachsenen bedingt war. Menschen handeln nach ihren individuellen Fähigkeiten, und die Babys schlossen daraus, dass Druck auf den Knopf das Licht auslöst. Da sie selbst keine verbundenen Hände hatten, nahmen sie ganz standardmäßig die Hand.

Interessant ist dieses Verhalten insbesondere dann, wenn man es mit der Kontrollgruppe des Experiments vergleicht. Einer weiteren Reihe von Kindern wurde nämlich ebenso gezeigt, wie Erwachsene den Lichtschalter mit dem Kopf anschalteten – ohne dass die Hände sichtbar eingeschränkt waren. In diesem Fall zogen die Kinder daraus den Schluss, dass an dem Knopf wohl irgendetwas besonders sein musste. Sie gingen auf den Schalter zu und bedienten ihn ebenfalls mit dem Kopf. Dabei konnte es sich nicht um einfaches Imitieren gehandelt haben, sondern sie bezogen die Besonderheit der Situation mit ein. Obwohl die Erwachsenen der Kontrollgruppe keinerlei sichtbare Einschränkungen der Hände hatten, nutzten sie den Kopf. Das konnte nur bedeuten, dass es einen kausalen Einfluss des Kopfes geben musste.

Aus der Tatsache, dass sich die menschliche Spezies weiterentwickelt und ständig neue Dinge lernt, folgt, dass Imitation nicht die einzige Lernstrategie sein kann. Irgendetwas muss also bedingen, ob ein Kleinkind eher imitiert oder experimentiert, um neue Methoden zu entdecken. Manchmal sind es sehr kleine Nuancen, die entweder zu reiner Imitation oder zu Innovation führen.

In einem Experiment wurde Kindern im Alter von vier bis sechs Jahren ein kompliziertes Spielzeugt gezeigt – Marke Eigenbau des Forscherteams.[79] Es hatte eine Vielzahl von Funktionen wie Blinken, Leuchten, Hupen oder Rasseln. Die Versuchsleiterin zeigte jedem Kind separat das Spielzeug. Hierbei variierte sie nur die Einladung zum Spielen, je nachdem, in welcher experimentellen Bedingung sich das Kind befand. Es zeigte sich eine interessante Verhaltensweise: Wenn die Versuchsleiterin sagte: »Schau mal, *mein* Spielzeug, es kann leuchten«, übernahmen die Kinder das Spielzeug und brachten es zum Leuchten. Sie experimentierten nicht weiter, was das Spielzeug vielleicht für andere Funktionen besitzen könnte. In der anderen experimentellen Bedingung war der Satz der Versuchsleiterin: »Schau mal, *ein* Spielzeug, huch, es kann ja leuchten!« Ihr Satz implizierte, dass das Spielzeug nicht ihr gehörte und das Leuchten zufällig herbeigeführt worden war. In diesem Fall nahmen die Kinder das Spielzeug in Empfang und starteten ihre Exploration. Sie machten nicht halt, nachdem sie es zum Leuchten gebracht hatten. Sie experimentierten und entdeckten allerhand andere Funktionen.

Diese unterschiedlichen Verhaltensweisen lassen sich nur dadurch erklären, dass die Kinder aus dem ersten Satz der Versuchsleiterin interpretierten, dass der Gegenstand bereits »ausgeforscht« war. Weil es »ihr« Spielzeug war und die Versuchsleiterin zeigte, wie man damit spielt, lohnte es sich nicht, weitere Dinge damit zu versuchen. War das Leuchten lediglich ein Unfall, war der Forschergeist noch nicht befriedigt.

Diese Ergebnisse zeigen meiner Meinung nach sehr eindrucksvoll, wie sensibel kleine Kinder auf Situationen reagieren. Sie haben ein intensives Bedürfnis nach Forschung und freuen sich, den verschiedenen Funktionsweisen von Spielzeugen selbst auf den Grund zu gehen. Was aber vielleicht noch beeindruckender ist: Sie achten auf subtilste Hinweise aus dem sozialen Umfeld. Ein kleines Signal wie *mein* versus *ein* Spielzeug kann reichen, dass die Kinder einen Gegenstand für ausgeforscht halten können. Das beweist, mit welcher Routine die kleinen Entdecker bereit sind, Wissen sozial zu gewinnen. Sie interpretieren genau, wo es sich lohnt zu forschen. Wie große Wissenschaftler sind sie bereit, den Forschungsarbeiten der anderen Aufmerksamkeit zu schenken und deren Wissen zu akzeptieren.

Moralische Babys?

Aus der Tatsache, dass schon sehr kleine Babys eine Sympathie für Soziales und eine Antipathie gegen Antisoziales hegen und dass sie bereits von den verdeckten Kosten auf Hilfsbereitschaft schließen, folgt die Frage, ob dies aus einer kindlichen Moral heraus geschieht. Schon die Frage, ob präverbale Menschenkinder zur Moral fähig sind, muss für klassische Psychologen und Pädagogen wie Sigmund Freud, Jean Piaget oder Lawrence Kohlberg blasphemisch geklungen haben. Die Entwicklungspsychologie ging lange davon aus, dass Menschen als amoralische Lebewesen in die Welt kämen und die Moral erst durch die Gesellschaft mühsam anerzogen werden müsse – praktisch durch die unmittelbaren Betreuungspersonen. Jean-Jacques Rousseau ging wie bereits angeführt sogar weiter und nannte das Baby einen »perfekten Idioten«.

Dass dieser Blick auf das Baby sehr falsch war, legt bereits Teil 1 dieses Buches nahe. Tatsächlich zeigen Babys ab ihrer Geburt atemberaubende geistige Fähigkeiten, welche sich von den Methoden eines Wissenschaftlers praktisch nicht unterscheiden. Kann es also sein, dass die klassische Denkweise über die Moral von Babys ebenso falsch ist und Babys sehr viel früher moralisch urteilen als ursprünglich gedacht? Als Moral bezeichnen wir hier nicht lediglich prosoziales Verhalten oder die Abwesenheit von antisozialem Verhalten, sondern die Kapazität, Entscheidungen basierend auf einer eigenen Theorie des

Guten zu fällen und die Handlungen anderer durch ebendiese Theorie zu bewerten.

Ein Grund dafür, warum die Väter der Entwicklungspsychologie es nicht für möglich gehalten haben, dass bereits sehr kleine Kinder moralisch sind, könnte sein, dass wir lange die Rolle der Emotion beim moralischen Urteilen vernachlässigt haben. Der Entwicklungspsychologe und Moralforscher Paul Bloom schreibt hierzu: »Falls du den Schmerz und die Freude anderer erfahren kannst, während du dir gleichzeitig bewusst bist, dass du und die andere Person zwei Individuen sind, hast du ein empathisches Bewusstsein. Du bist auf dem Weg, ein moralisches Tier zu werden«.[80] Empathie ist der erste Schritt zur Moral. Bloom argumentiert, dass sich diese Fähigkeit sehr früh entwickelt. So schreien Babys, wenn andere Babys schreien, eine Erkenntnis, die auch auf andere Spezies wie Ratten übertragbar ist. Diese hören etwa auf zu fressen, wenn das Triggern eines Leckerlis zeitgleich einen elektrischen Schock bei einer anderen Ratte auslöst. Affen treten noch länger als Ratten in den Hungerstreik, wenn sie in einem ähnlichen Experiment stecken.[81] Sie wissen, was den Schmerz der Gefährten auslöste und geben dem eigenen Hungerimpuls nicht nach.

Eine Studie von Yang Wu, Paul Muentener und Laura Schulz legt nahe, dass Babys bereits im Alter von zwölf Monaten dazu in der Lage sind, emotionale Vokalisierungen, also lautliche Äußerungen, akkurat zu imitieren. Es gab bereits zuvor einige Erkenntnisse darüber, dass Babys schon sehr früh Emotionen anderer Menschen verarbeiten können. Siebenmonatigen Babys etwa gelingt es, passende emotionale Mimiken mit den entsprechenden Stimmen zu verlinken. Sie assoziieren glückliche Gesichter mit glücklichen Stimmen und traurige Gesichter mit traurigen Stimmen. Zum Ende des ersten

Lebensjahres gelingt es den Babys bereits, Emotionen mit ziel-
gerichtetem Handeln einer anderen Person in Beziehung zu
setzen. Kinder betrachten eine Situation deutlich länger, wenn
jemand auf ein erfolgreiches Erlebnis mit negativen Emotionen reagiert, weil dies eine starke Erwartungsverletzung darstellt. Die Ergebnisse von Wu und ihren Kollegen zeigten, dass
Kinder im zweiten Lebensjahr bereits fähig sind, Emotionen
auf ganz konkrete Ursachen zurückzuführen. Wenn Babys also
sehr früh in der Lage sind, Emotionen adäquat einzuschätzen, könnte es ihnen auch gelingen, Moral sehr früh zu entwickeln, wenn ebendiese auch emotional funktioniert. Einige
Forschungsarbeiten legen dies nahe.

Jonathan Haidt forscht als Psychologe an der New York
University und widmet seine Arbeitszeit im Wesentlichen
der Moral des Menschen. Sein vermutlich berühmtester Aufsatz trägt den Titel *Der emotionale Hund und sein rationaler
Schwanz.*[82] Haidt präsentiert hier eine Theorie der intuitiven
Moral. Er zeigt, dass Menschen intuitiv wissen, ob etwas moralisch richtig oder falsch ist. Natürlich urteilen wir in verschiedenen moralischen Fragestellungen unterschiedlich, aber
der Prozess, *wie* wir jeweils zu unserem Urteil kommen, ist
oft identisch. Ist ein intuitives moralisches Urteil erst mal da,
wird anschließend versucht, es rational zu legitimieren. Rationale Abwägung ist also nicht die Ursache eines moralischen
Urteils, sondern dessen Konsequenz. Der Schwanz des Hun-
des bestimmt nicht die Richtung, auch wenn der Hund diesen
zu jagen scheint.

Aber was hat diese Erkenntnis mit der moralischen Entwicklung von Babys zu tun? Hierzu benötigt man die Theorie
eines weiteren Psychologen. Daniel Kahneman, der als Psychologe im Jahre 2002 mit dem Wirtschaftsnobelpreis[83] aus-

gezeichnet wurde, forscht im Wesentlichen zu menschlichen Urteils- und Entscheidungsprozessen. In seinem Buch *Schnelles Denken, langsames Denken* fasst er sein wissenschaftliches Lebenswerk zusammen. Der Titel des Buches zeigt bereits seine wesentliche Erkenntnis. Kahneman konnte mit vielen Kollegen, allen voran dem bereits verstorbenen Amos Tversky, nachweisen, dass Menschen über zwei Denksysteme verfügen. *System 1* beschreibt dabei unser schnelles, intuitives, Bauchgefühl basiertes, unbewusstes Denken, *System 2* meint unser rationales, abwägendes, langsames, bewusstes Denken. *System 1* gilt als phylogenetisch altes System. Dies bedeutet, dass es sich sehr viel früher evolutionär entwickelt hat als das rationale *System 2*. Hieraus wird die Schlussfolgerung gezogen, dass Denkprozesse, die in *System 1* verwurzelt sind, schon lange zum geistigen Repertoire des Menschen gehören. Wenn Moral also ein *System-1*-Prozess ist, dann liegt diese sehr tief in der Natur des Menschen verwurzelt.

Der Philosoph David Hume beschrieb dies lange vor Haidts Forschung so: »Die Vernunft ist und sollte auch nur Sklavin der Leidenschaften sein«. Hume zeigte deutlich früher als die heutigen Moralpsychologen die kausale Richtung von Moralurteilen auf. Nicht der Geist, sondern die Emotionen sind ursächlich für moralisches Urteilen – wenn auch nicht ausschließlich. Den Menschen zeichnet ja eben auch aus, sich nicht immer auf das Bauchgefühl zu verlassen. Oft schaffen wir es, durch analytisches Denken grundlegende ethische Positionen zu ändern. Und in der Tat zeigt die Forschung sehr komplexe Interaktionen von Emotionen und kognitiven Prozessen.[84]

Jonathan Haidt erforschte ebenso, auf welchem moralischen Fundament wir Menschen stehen. Was sind die universellen moralischen Prinzipien, die der Mensch hat? Im Rahmen dieser *Moral-Foundations*-Forschung zeigte er, dass es nur wenige Dimensionen gibt, welche wiederum die moralischen Urteile der Menschen in unterschiedlicher Intensität prägen. Dies sind die Grundlagen der menschlichen Moralvorstellung. Haidts Forschung legt nahe, dass wir alle ähnliche ethische Prinzipien haben, aber die Ausprägung individuell oder kulturell bedingt unterschiedlich ist. Zu diesen Dimensionen zählen Leid/Fürsorge, Fairness, Loyalität, Autorität sowie Heiligkeit/Reinheit.

Für Anhänger der Demokraten in den USA sind Leid/Fürsorge sowie Fairness moralisch wichtig, die Republikaner sorgen sich stärker um Autorität, Loyalität und Heiligkeit/Reinheit. Diese Unterschiede können helfen zu verstehen, warum Demokraten es etwa richtig finden, ein flächendeckendes Gesundheitssystem staatlich bereitzustellen (Leid/Fürsorge) während es Republikanern wichtig ist, die amerikanische Flagge zu ehren und ein starkes Militär zu unterhalten (Loyalität und Autorität). So können moralische Grundfesten politische Debatten beeinflussen, zum Beispiel in Haushaltsdebatten darüber, ob das Militär oder das Gesundheitssystem mehr Ressourcen erhalten soll.

Darüber hinaus konnte die Forschung zeigen, dass emotionale Reaktionen mit moralischen Urteilen einhergehen, in Abhängigkeit der jeweiligen moralischen Dimension. Auf Verletzung der *moralischen* Domäne »Reinheit« reagieren Menschen ganz ähnlich wie auf eine Verletzung der *physischen* Domäne »Reinheit« – mit Ekel. Nicht umsonst haben wir sogar identische Ausdrücke, um über beiderartige Verletzungen der Reinheitsregel zu sprechen. Wir finden verdorbenes Essen ekelhaft und abstoßend, ebenso wie das unmoralische Verhalten eines Sexualstraftäters. Forschung konnte sogar zeigen, dass es Vermischungen der beiden Dimensionen gibt. Physische Reinheit geht mit einer erhöhten Präferenz für moralische Reinheit einher. Forscher versprühten hierzu etwa Zitrus-Reiniger im Labor, bevor die Probanden dort Entscheidungen im Bereich der Moral trafen. Sie verhielten sich im sauber riechenden Labor auch moralischer. Umgekehrt reagierten Menschen auf moralische Verfehlungen mit einem erhöhten Bedürfnis, sich auch körperlich zu reinigen – wie Lady Macbeth in Shakespeares Theaterstück.

Auch wenn die Emotionen eine große Rolle bei der Moral spielen, unsere besondere menschliche Eigenschaft ist auch das Ergebnis der kulturellen Evolution. Moral gilt abstrakt und universell. Dass wir so denken, liegt insbesondere an unserer Fähigkeit, ausführlich über die Dinge nachzudenken. Die Moral der Babys ist der erste Schritt zur moralischen Spezies, viele Schritte folgen.[85] Für Eltern ist es oft herzerwärmend, wenn ihre kleinen Kinder Anzeichen von Moral zeigen. Dies kann ausgleichende Gerechtigkeit sein, wenn das Kind liebevoll mit seinen Kuscheltieren teilt, oder auch das Interesse am Leid der anderen. Diese kindlichen Verhaltensweisen zeigen, dass der Mensch sehr früh über moralische Kapazitäten verfügt. Jeder von uns entwickelt eine Theorie des Guten, eine Moral, die unser aller Handeln ein Stück weit zu leiten vermag. So reagierte mein älterer Sohn oft sehr herzerwärmend auf das Schreien seines kleinen Bruders. Er eilte durch die Wohnung, auf der Suche nach einem Elternteil und forderte lauthals: Baby, Arm! Er hatte das Bedürfnis des Babys erkannt. Sobald das Baby auf dem Arm war, war die Moral aber auch oft aufgebraucht und er forderte dann selbst: Arm!

Teil 3

Das Baby als Geisteswissenschaftler

Babys sind auch auf dem Gebiet der Geisteswissenschaften aktiv, allen voran in der Sprachwissenschaft, der Linguistik. Aber auch in den Bereichen Literatur, Musik und Kunst machen unsere Kleinen atemberaubende Entwicklungssprünge in den ersten Jahren ihres Lebens. Teil 3 beschäftigt sich mit ebendiesen Fachgebieten. Die Fähigkeit, Sprache innerhalb von so kurzer Zeit zu erlernen, ist die vielleicht beeindruckendste Fähigkeit von Babys. Noch faszinierender ist die Frage nach dem *Wie*. Die ausgereiften Methoden, die Babys in ihrem Spracherwerb anwenden, sind bis heute ungeschlagen. Künstliche Intelligenz ist weit davon entfernt, dies zu toppen.

Kinder und die Sprache

Die amerikanische Komikerin und Schauspielerin Lily Tomlin sagte einmal, dass es ihr fester Glaube sei, der Grund für die Evolution der menschlichen Sprache sei dessen tiefes Bedürfnis zu jammern. Mir ist keine derartige linguistische Studie bekannt, aber ich gehe davon aus, dass in der Tat ein wesentlicher Teil der am Tag gesprochenen Worte Jammern beinhalten und dass Lily Tomlin damit ein gutes Argument gelungen ist. Es wird einem praktisch jeden Tag zu Gehör geführt: zu heiß, zu kalt, zu regnerisch, zu viel Arbeit, langweilig, kein Geld, keine Zeit. Egal was ist, der Mensch scheint zu jammern.

Dieser komödiantische Blick auf unsere Spezies mag etwas übertrieben sein, aber dennoch ist die Tatsache, dass wir eine komplexe Sprache beherrschen, faszinierend. Warum gibt es dieses ausgeklügelte verbale Verständigungsmittel? Welche Gemeinsamkeiten haben die Sprachen der Welt? Wie lernen Kinder in wenigen Jahren ihre Muttersprache, während Computer so große Schwierigkeiten damit haben? Trotz der riesigen Fortschritte in der künstlichen Intelligenz ist es den Forschern noch nicht gelungen, einem Computer unsere Sprache perfekt beizubringen.

Eine der großen Fragen der Linguistik ist die nach der genetischen Verwurzlung. Ist Sprache und samt der Fähigkeit, Grammatik zu verwenden, uns in die Wiege gelegt oder durch die Umwelt anerzogen? Noam Chomsky formulierte in den 1960er-Jahren seine Universalgrammatik und argumentierte, dass Grammatik in allen Sprachen den gleichen Prinzipien folge. Linguistische Feldforschung zeigte dabei, dass selbst neu entdeckte native Völker – etwa auf der Insel Sumatra – eine Sprache nutzen, die sich universalgrammatikalisch nicht von unserer unterscheidet. Chomsky schloss daraus, dass die Sprache in unseren Genen verwurzelt ist. Die Tatsache, dass sich grammatikalische Regeln aller Sprachen auf eine Art Universalgrammatik zurückführen lassen, kann unmöglich zufällig sein. Es muss daher einen tief verwurzelten, evolutionär geprägten Sprachinstinkt geben, der uns alle gleichermaßen sprechen lässt.

Bei der Erforschung der Frage, inwieweit Grammatik vorgeprägt ist, spielen Kinder eine bedeutende Rolle. Mit »Universalgrammatik« meinen Linguisten übrigens nicht das, was wir ordinärerweise als Grammatik bezeichnen. Es handelt sich um linguistische Grundprinzipien aller Sprachen. Hierzu gehören etwa gewisse Satzstrukturregeln, welche die hierarchische Organisation eines Satzes bestimmen, Abhängigkeitsbeziehungen, die erklären, wie Worte aufgespalten werden können, sodass die Grammatik nach wie vor richtig ist, bestimmte grammatikalische Morpheme, welche die kleinsten Einheiten von Grammatik bilden, sowie lexikalische Kategorien wie Verb oder Nomen.[86] Zudem gibt es auch eine rege Debatte darum, ob man tatsächlich von einem Sprach*instinkt* sprechen kann oder ob ein anderer Begriff besser geeignet wäre. Forscher halten es auf jeden Fall für beeindruckend, dass Kinder Sprache trotz deren Komplexität sehr rasch beherrschen.[87]

Schaut man sich etwa die Entwicklung kreolischer Sprachen an, zeigt sich eindrucksvoll die bemerkenswerte Rolle der Kinder bei der Entwicklung von deren Grammatik. Eine kreolische Sprache ist eine Mixtur aus verschiedenen Sprachen. Üblicherweise entsteht diese, wenn es in einer Art kulturellem Schmelztiegel für die Erwachsenen nicht möglich ist, miteinander zu kommunizieren. Oft beobachtete man dies bei der Verschiffung von versklavten Menschen von Afrika nach Amerika, aber auch im kolonialen Kontext, in dem Europäer als Eroberer in außereuropäische Gebiete kamen. Der erste Schritt, wenn Menschen nicht miteinander sprechen können, ist die Entwicklung einer sogenannten Pidgin-Sprache mit einfachen Wortkombinationen, die von allen verstanden werden können. Aus: *We haven't seen each other in a long time* kann etwa *long time no see* werden. Diese Redewendung kommt aus der chinesischen Grammatik *hao jiu bu jian* (sehr lange nicht treffen) und könnte sich etwa in Hongkong entwickelt haben.[88]

Der Linguist Steven Pinker beschreibt in seinem Buch *Der Sprachinstinkt*, dass Pidgin-Sprachen sich durch das Fehlen einiger essenzieller grammatikalischer Elemente auszeichnen.[89] Ein grammatikalischer Satz wie *Ich gehe jetzt nach Hause* kann in einer Pidgin-Sprache zu einer Konstruktion wie *Ich Hause* werden. Im spezifischen Kontext kann dies verstanden werden, wenn zum Beispiel zwei Menschen, die nicht zusammenwohnen, sich in der Stadt treffen. Es könnte aber auch allerhand anderes bedeuten, wie *Ich habe ein Zuhause*, *Dies ist mein Zuhause* oder *Ich bin zu Hause*. Die Tatsache, dass die Pidgin-Konstruktion, wenn überhaupt, nur im aktuellen Kontext verstanden werden kann, zeigt, wie wichtig eine Grammatik ist, da erst sie eine verständliche und kontextübergreifende Kommunikation möglich macht. Interessanterweise fangen Kinder an, eigene grammatikalische Regeln zu bilden: Aus dem Pidgin entwickelt sich schließlich eine kreolische Sprache, die universalgrammatikalisch identisch ist mit allen anderen Sprachen. Linguisten wie Steven Pinker sehen darin eine starke Evidenz, dass sprachliches Wissen fest in uns verankert ist. Warum sollten auf der ganzen Welt verbale Kommunikationsmittel mit der gleichen universalgrammatischen Struktur entstehen? Sprache wird offenbar nach einem bestimmten, universellen genetischen Code produziert.

Noch beeindruckender sind Fallbeispiele von Kindern, die in erster Generation taub sind. Taube Kinder hörender Eltern haben das Problem, dass ihre Eltern niemals wirklich so fließend in Gebärdensprache werden, wie Muttersprachler dies sind. Noch vor nicht allzu langer Zeit wurden viele Gehörlose dazu genötigt, Lippen zu lesen und dann das Sprechen zu versuchen. Heute wird meist anders gedacht, und die Eltern lernen die Gebärdensprache. Sie eignen sich zunächst die wichtigsten Gebärden an und versuchen so, mit dem Kind zu kommunizieren. Das Sprachvermögen der Eltern ist aber eher das, was Linguisten als Pidgin bezeichnen würden. Gehörlose Kinder sehen also nur eine Pidgin-Sprache, bevor sie in den Kindergarten kommen, vergleichbar mit den Kindern in kolonialem Kontext. Auch hier zeigt sich ein ähnliches Bild wie bei der Entwicklung einer kreolischen Sprache. Schaut man etwa auf das erste Aufeinandertreffen tauber Kinder im Kindergarten und der Schule, zeigen diverse Fallbeispiele, dass die jüngeren eine kreolische Sprache entwickeln, während die älteren beim Pidgin bleiben. Die Kleinkinder sind hierbei die treibende Kraft, auf universalgrammatikalische Art eine neue (Gebärden-)Sprache zu erdenken, grammatikalisch anzureichern und anschließend zu nutzen.

Ohne Sprache kein Denken?

Viele Denker haben der Sprache daher einen derart wichtigen Raum eingeräumt, dass sie sogar der Meinung sind, dass ohne Sprache überhaupt kein Denken möglich sei. Während Descartes noch sagte: »Ich denke, also bin ich«, argumentieren einige Philosophen: »Ich spreche, also denke ich«. Wilhelm von Humboldt etwa argumentierte, dass die Sprache das »bildende Organ des Denkens« sei. Ludwig Wittgenstein ging weiter und war der Meinung, dass »die Grenzen seiner Sprache die Grenzen seiner Welt«[90] gewesen seien.

In George Orwells berühmten Roman *1984* spielt dieser Gedanke, dass (kritisches) Denken ohne Sprache nicht möglich sein könne, eine zentrale Rolle. Das totalitäre Regime ist bestrebt, die Sprache *Neusprech* zu entwickeln, und zwar mit dem Ziel, differenzierendes Gedankengut unmöglich zu machen. Wenn man die Bedeutung einzelner Wörter neu konnotiere und bestimmte Bedeutungen streiche, könne man auf lange Sicht das Denken verändern. So ist etwa die Aussage »Der Hund ist frei« in *Neusprech* möglich und bedeutet etwa, dass der Hund nicht angeleint ist. Die Aussage »Die Gedanken sind frei« ergibt aber in *Neusprech* keinen Sinn, weil »frei« nicht mehr mit »politisch frei« oder »liberal« assoziiert ist.

Auf der anderen Seite machen einige Beispiele deutlich, dass das Denken nicht nur an Sprache hängen kann. So gibt es etwa kontextfreie psychologische Tests, um die fluide Intelligenz des Menschen zu messen, also die Fähigkeit des Menschen, logisch zu denken und Probleme zu lösen. In *Ravens Progressiven Matrizen*, entwickelt von dem britischen Psychologen John C. Raven im Jahr 1936, geht es darum, ein vorhandenes Muster zu erkennen und fortzuführen. Dies ist klarerweise eine Denksportaufgabe, ohne dass Sprache dafür nötig ist. Ferner haben sich Beethoven, Bach und Mozart vermutlich auch »etwas dabei gedacht«, als sie ihre Sinfonien komponierten. Musik mag man vielleicht mit Hilfe von Noten verschriftlichen können, aber universalgrammatisch im Sinne Chomsky ist es keine Sprache.

Ein letztes Argument, dass das Denken auch unabhängig von Sprache funktioniert, mag wohl jeder Autor kennen. Oft ist es so, dass man einfach nicht ausdrücken kann, was man denkt. Man löscht einen Satz immer wieder, weil er nicht dem entspricht, was die Gedanken aussagen. Sprache mag vielleicht ein Mittel sein, mit dem ich meine Ideen ausdrücke, aber Gedanken hängen sicher nicht an der Sprache allein.

Allerdings kann Sprache sehr wohl Einfluss auf unser Denken haben. Die Arbeiten des Linguisten George Lakoff zeigen etwa, dass dies ganz maßgeblich der Fall ist. In ihrem Buch *Leben in Metaphern*, beschreiben er und sein Kollege Mark Johnson, wie bestimmte sprachliche Wendungen unser Denken und Fühlen prägen.[91] So führt die Erfahrung von physischer Wärme etwa dazu, dass wir jemanden als »warme Persönlichkeit« beschreiben.[92]

Nicht nur Wissenschaftler lernen häufig von anderen. Das meiste von dem, was wir wissen, haben wir irgendwo gelesen, gehört, oder es wurde uns erklärt. Die häufig genutzte Metapher des Wissenschaftlers als »Zwerg auf den Schultern von Giganten« zeigt dies eindrucksvoll. Sämtliche Erkenntnis erfolgt auf Basis des bereits Gewussten. Sprache spielt hierbei eine tragende Rolle. Babys müssen, wenn sie wie Wissenschaftler agieren, ebenso auf die Sprache zurückgreifen. Das Lernen aus Geschichten und aus dem Zuhören ist elementar für den Wissenserwerb. Darüber hinaus ermöglicht die Sprache das ganz gezielte Abfragen von Information über Kausalzusammenhänge durch eines der Lieblingswörter von Kleinkindern: *Warum?*. Alison Gopnik beschreibt in ihrem Buch *The Gardener and the Carpenter* folgende Episode im Leben des US-amerikanischen Komikers Louis C. K. mit seiner dreijährigen Tochter: »Papa, warum können wir nicht rausgehen?« – »Weil es regnet,« – »Warum?« -»Nun, weil Wasser vom Himmel fällt.« -»Warum?« – »Weil es in den Wolken war.« – »Warum?« -»ICH WEISS ES NICHT. ICH WEISS NICHT MEHR ALS DAS. DAS IST ALLES, WAS ICH WEISS!«

Die Frage nach dem stetigen *Warum* mag für Eltern manchmal ein blanker Horror sein, aber die Kinder fragen ganz gezielt nach kausalen Ursachen, und die Frage dazu ist nun einmal: »Warum?«.

Linguistische Studien versuchen hierbei zu schätzen, wie viele Fragen Kinder pro Tag stellen. Dazu dient etwa die linguistische Datenbank CHILDES, die Gesprächsfetzen von Kindern enthält. Man kommt so auf Hunderttausende Fragen, allein während der Zeit im Kindergarten. Die Inquisition fängt direkt nach dem Aufstehen an und endet mit dem Zubettgehen. Der Wissensdurst der Kinder ist unendlich und die Fähigkeit, diese Fragen direkt loszuwerden wird genutzt – wie eine ewig währende Forschungskonferenz.

Die zentralen Fragen im Spracherwerb sind daher: Wie schnell schaffen es Babys, Sprache zu erlernen und zu nutzen? Welche Bedeutung spielt die Sprache für Kleinkinder beim sozialen Lernen und wie beeinflusst sie den Wissenserwerb?

Den Sprachcode knacken

Patricia Kuhl forscht seit Jahrzehnten an der University of Washington in Seattle und gilt als führende Expertin im Bereich der kindlichen Sprachentwicklung. Vor einigen Jahren stieg sie in einen ihrer Überblicksartikel im Fachjournal *Nature Neuroscience* folgendermaßen ein: »Die Akquisition der Sprache und des Sprechens erscheint trügerisch simpel. Kleine Kinder lernen ihre Muttersprache schnell und mühelos, vom Babbeln im Alter von sechs Monaten bis zum Sprechen ganzer Sätze im Alter von drei Jahren. Egal in welcher Kultur folgen die Kinder diesem Pfad der Entwicklung nahezu gleich. Linguisten, Psychologen und Neurowissenschaftler haben Schwierigkeiten zu erklären, wie Kinder das anstellen und warum sich die Mechanismen des Lernens so stark ähneln, obwohl die Erfahrung und Umwelt eines jeden Kindes verschieden ist. Dieses Puzzle […] führte zur Idee, dass Sprache ein tief verschlüsselter Geheimcode ist. Diesen Code zu knacken ist ein Kinderspiel für menschliche Babys, aber ein ungelöstes Problem für erwachsene Theoretiker und für Maschinen. Warum?«[93]

Dieser erste Paragraf ihres Artikels fasst nahezu die gesamte Motivation des Forschungsfeldes der kindlichen Sprachentwicklung zusammen. Forscher aus der Psychologie, Philosophie, den Neuro- und Computerwissenschaften wollen es schaffen, den Geheimcode der Sprache zu entschlüsseln. Entwicklungspsychologen wollen einfach verstehen, wie der Mensch Sprache erlernt. Philosophen versprechen sich davon

Antworten auf Fragen der Erkenntnistheorie, Neurowissenschaftler wollen wissen, wie das Gehirn Sprache verarbeitet und Computerwissenschaftler verfolgen das Ziel, künstliche Intelligenzen mit der Fähigkeit der Sprache oder zumindest mit einer Fähigkeit des Sprachverständnisses auszustatten. Ein Wissenschaftler, dessen Heimat die Computerwissenschaft ist, interessierte die Frage so sehr, dass er zu sehr drastischen Mitteln griff.

Zur Geburt seines ersten Sohnes hatte Deb Roy, Professor am Massachusetts Institute of Technology, eine kreative, wenn auch drastische Idee. Er versuchte, das gesamte Leben seines Kindes aufzunehmen, um neue Erkenntnisse über dessen Sprachentwicklung zu gewinnen. So installierte er unzählige Kameras und Mikrofone in seinem Haus in Cambridge (USA) und nahm zunächst einmal (fast) alles auf, was zu Hause passierte. Besonders interessierte ihn die »Geburt eines Wortes«.[94] So verwanzte er sein gesamtes Haus – mit Ausnahme des elterlichen Schlaf- und Badezimmers – und nahm alles auf, was im Haus passierte. Anschließend fütterte er seine Computer mit dem gesamten Datensatz und erforschte, wann und wie sein Sohn Worte erstmals sprach.

Er machte eine sehr interessante Entdeckung und konnte zeigen, dass die Bezugspersonen Kinder »abholen«, bei jedem einzelnen Wort. Hierzu schaute er sich die Komplexität der Sätze an, in denen ein ganz bestimmtes Wort vorkam – beispielsweise »Wasser«. Sie reduzierten die semantische Schwierigkeit der Sätze. Aus »Möchtest du ein Glas Wasser haben?« wurde: »Möchtest du Wasser?« und schließlich der Ein-Wort-Satz: »Wasser?«. Als Antwort auf dieses Minimum der semantischen Komplexität gelang es dem Kind das erste Mal, »Wasser« fehlerfrei zu sagen. Aus »Dada« wurde über »Wawa«

schließlich ein korrektes Wort: »Wasser«. Sobald das Kind das Wort gut aussprechen konnte, wurden die Sätze wieder komplizierter. Eltern holen ihre Kinder also unbewusst ab, indem sie die Komplexität der Sätze reduzieren und dann wieder ansteigen lassen, wenn die Kleinen sprachlich dazulernen.

Deb Roys Projekt war aber viel weniger ein Projekt der Sprachentwicklung von Kindern, als vielmehr eine beeindruckende Demonstration des Einsatzes moderner Technologie im Bereich der computerbasierten Sprachanalyse. Neben seiner Professur am MIT arbeitete Deb Roy als wichtiger Berater bei Twitter und ist Gründer des Sprachanalyse-Startups Bluefin Labs. Dort ist Ziel seiner Arbeit unter anderem, aus den Massen an Tweets mittels maschineller Methoden Trends aufzuspüren und zu analysieren. Um aus etlichen Terabytes an aufgezeichneten Daten Schlüsse zu ziehen, wie Deb Roy es tat, braucht es sehr viel informatisches Geschick. Sein Projekt zeigt daher eher, was er im Rahmen der Computerwissenschaft zu leisten mag, als dass es uns erzählt, wie genau die Prozesse des Spracherwerbs beim Menschen funktionieren. So beeindruckend der Versuch ist, er umfasst lediglich die Daten von einem einzelnen Kind, dass bei sehr speziellen Eltern – Professoren der vielleicht renommiertesten Technologiehochschule der Welt – aufwuchs. Aber das Projekt zeigt bereits, welche verschiedenen Disziplinen dabei helfen, den Geheimcode der Sprache zu entschlüsseln

Was ist ein Wort?

EinKernelementderschriftlichenSpracheistdieTatsache,dassWor teoptischgetrenntvoneinanderaufgeschriebenwerden.OhnedieW ortgrenzenistesfastunmöglich,einenTextvernünftigzulesen.Inder gesprochenenSprachegibtesaberebensowenigWortgrenzen.Es gelingtunsjedochmühelos,einzelneWörtervonenandenanderenabzu grenzen,zumindestinunsererMuttersprache.

Der soeben vermutlich eher mühevoll gelesene oder sogar übersprungene Text zeigt eindrucksvoll: Es ist gar nicht so leicht, Worte zu erkennen, wenn man nicht weiß, wo die genauen Wortgrenzen liegen. In Sprachen, in denen oft sehr schnell geredet wird – zum Beispiel im chilenischen Spanisch – ist es fast unmöglich, die Wortgrenzen festzulegen, wenn man des Spanischen nicht mächtig ist. Wir hören nur einen Haufen von rhythmischem Wortgewirr. Der US-amerikanische Rapper Jay-Z charakterisierte seinen Rapper-Kollegen Eminem beim US-Talkmaster David Letterman dadurch, dass seine Sprache und sein Rap wie Percussion klängen. Eminems Rap-Stil habe etwas Peitschendes, Rhythmisches und wirke daher nicht wie Sprache, sondern wie ein Trommelwirbel. Jay-Z kontrastiert dies gegen die »Poesie« anderer Rapper, deren Fokus eher auf dem Literarischen liege.[95]

Für Nicht-Muttersprachler ist die Rhythmik des Raps noch stärker wahrnehmbar als für Muttersprachler. Wenn Babys uns sprechen hören, geht es ihnen so wie uns, wenn wir Rapmusik in einer Fremdsprache hören: Unsere gesprochene Sprache hat keinerlei Signale, wann ein Wort aufhört und wann das nächste beginnt. Selbst, wenn wir recht gutes Vokabelwissen haben und dann Muttersprachlern, besonders in schnellem Gespräch, zuhören, verstehen wir kaum etwas. Babys gelingt das Wortlernen jedoch scheinbar mühelos. Wie kann das sein? Liegt es ausschließlich an der Tatsache, dass wir unsere Kinder förmlich abzuholen scheinen, wie von Deb Roy vorgeschlagen? Oder verfügen wir über noch bessere Wortdetektoren, mit deren Hilfe wir lernen, wo die Wortgrenzen sind?

Jenny Saffran und ihre Kollegen machten hierbei eine bahnbrechende Entdeckung, die nahelegt, dass wir in der Tat auf eine Art Wortdetektor zurückgreifen. Ihr mittlerweile weltberühmtes Experiment zeigte, dass Babys komplizierte Mathematik anwenden, um das Problem der Wortgrenzen zu lösen. Sie scheinen nämlich sehr genaue statistische Dokumentationen zu führen und schließen hieraus die Existenz von »wahrscheinlichen Wörtern«. So hören Babys etwa die aufeinanderfolgenden Silben »be« und »bi« (Baby) sehr oft: süßes Baby, liebes Baby, großes Baby, kleines Baby, müdes Baby. Die beiden Silben treten in der gesprochenen Sprache sehr häufig nebeneinander auf, und zwar stets in dieser Reihenfolge. In dem kontinuierlichen Sprachgewirr ist die Wahrscheinlichkeit, dass »bi« so oft auf »be« folgt sehr gering, wenn es sich nicht um ein Wort handeln sollte. Die gesprochene Sprache enthält viel seltener die Silbenkombination »bi« und »be«. Die Kinder schließen daraus, dass »Baby« vermutlich ein Wort ist, »Byba« aber nicht.

Um ihre durchaus gewagte Hypothese, dass Babys durch komplexe statistische Methoden auf Worte schließen, experimentell zu überprüfen, hatte Jenny Saffran die folgende Idee:

Sie erfand eine Sprache, die sie anschließend aufnahm. Die Sprache hatte keinerlei Inhalt, aber manipulierte systematisch die Wahrscheinlichkeit, mit der verschiedene Silben in Relation zu einander auftraten. Die ausgedachte Sprache produzierte 270 Silben pro Minute, was einem normalen Gespräch entspricht. Zu verstehen war das Sprachgewirr natürlich nicht. Ein Beispiel ist das folgende:

bidakupadotigolabubidaku

In ihrem Experiment spielte sie dieses Sprachgewirr circa acht Monate alten Babys vor und nutzte dann das von Robert Fantz entwickelte Blickdauerparadigma, um zu schauen, ob die Babys auf die Silbenkombinationen reagierten. Wie viele andere Forscher nutzte das Team um Jenny Saffran die Tatsache, dass sich Babys oft für Neues interessieren. Sie spielten daher aus zwei verschiedenen Richtungen potenzielle Worte vor. Von der einen Seite bekamen die Kinder eine Silbenkombination zu hören, die schon mehrmals im Sprachgewirr aufgetreten war, allerdings eingebettet in die Sequenz der anderen Silben. Von der anderen Seite hörten die Babys eine Kombination aus den gleichen Silben, die bisher sehr viel seltener zusammen auftrat. Die Kinder schauten systematisch länger in die Richtung der unbekannten Verknüpfung. Sie kannten diese nicht und vermuteten möglicherweise, dass sich hier eine neue Lernmöglichkeit auftat.

Die Studien von Jenny Saffran zeigen eindrucksvoll, dass Babys im Alter von acht Monaten bereits komplizierte statistische Information adäquat bearbeiten, um den Sinn der Sprache zu begreifen. Der Forschung zu Folge gibt es ein sehr kritisches Zeitfenster, in dem dieses statistische Lernen natürlicherweise selbst erfolgt. Dies zeigt sich an den Fallstudien von Kindern, die in der kritischen Phase keinerlei statistischen Input bekamen, ihre Fähigkeit zum Spracherwerb war auf ewig hierdurch beeinflusst. Die initiale Encodierung der Muttersprache erfolgt zu einer sehr frühen Phase im Babyalter, was die linguistische Neurowissenschaft eindrucksvoll zeigt.[96]

Vom linguistischen Weltbürger zum Muttersprachler

Eine Café-Kette in den USA nennt sich *Au Bon Pain* (deutsch: »bei gutem Brot« oder »beim guten Brot«). Wenn sich ein Franzose in den USA darüber amüsieren wollen würde, wie Amerikaner versuchen, Französisch zu reden, könnte er sich in das Café setzen und zuhören, wie diese den Namen des Restaurants aussprechen. Dies mag nicht nur witzig klingen, es lehrt uns auch eine linguistische Lektion. Auf der gesamten Welt gibt es etwa 600 Konsonanten und 200 Vokale.[97] Jede einzelne Sprache nutzt nur etwa 40 distinkte Elemente, die wir Phoneme nennen. Einer Beschäftigung mit dem Wortlernen geht natürlich zunächst ein Lernen ebendieser Phoneme voraus. Ohne die Töne einer Sprache produzieren zu können, braucht man nicht an ein Wort zu denken. Den Satz »Let's meet at Au Bon Pain after Kindergarten« kann man in New York sicherlich genau so hören, er ist aber lautsprachlich für Erwachsene sehr kompliziert, da er Phoneme aus drei verschiedenen Sprachen braucht.

Babys tun sich damit nicht so schwer, wie Forschungen zur Phonemwahrnehmung ergeben haben: Sie können die Phoneme aller Sprachen auseinanderhalten. Erwachsene können das nicht. Japaner hören beispielsweise keinen Unterschied zwischen dem deutschen »L« und »R«.[98] Besonders spannend ist hierbei das Resultat, dass Babys nicht per se sensibler auf alle Töne und deren Unterschiede reagieren. Es ist nur bei ebendiesen der Fall, die für die Sprache wichtig sind.[99] Sie sind sehr sensibel bei Phonemen, welche für die Sprache wichtig sind, aber nicht so genau, wenn es etwa um das Singen eines Vogels geht. Babys lernen dabei aus der Umwelt, die Grenzen für bestimmte Phoneme zu ziehen. Ab der Geburt verfügen sie über die Fähigkeit, alle Phoneme der Welt zu entschlüsseln. Egal, in welcher sprachlichen Umgebung sich ein Baby am Tag nach der Geburt befindet, es wird sich diese Sprache mühelos aneignen.

Aber wie lernen Babys, die Phoneme der Muttersprache zu hören und die anderen zu »vergessen«? Ähnlich wie Jenny Saffrans Studien zum Wörtererkennen gehen Forscher davon aus, dass Phoneme ebenso statistisch gelernt werden. Die kleinen Linguisten verarbeiten die statistische Information ihrer Umwelt und machen darauf basierend Vorhersagen, wie genau ein Phonem ausgesprochen wird. Aufgrund der Tatsache, dass Japaner unser deutsches »L« und »R« nicht unterscheiden, können japanische Babys die Information gewinnen, dass es keinen Unterschied macht. Ein Japaner, der ein auf zwei Rädern rollendes Gefährt mit Lenker auf beinahe zufällige Art entweder »Roller« oder »Loller« nennt, signalisiert seinem Kind damit, dass es nicht so wichtig für das Sprachverständnis ist, ob man nun »Roller« oder »Loller« sagt. Hieraus entsteht dann ein Mittelding, das sogenannte Japanische »R«. Umgekehrt hört ein deutsches Kind in seiner muttersprachlichen Umgebung lediglich das Wort »Roller«. Das Phonem »L« wird in diesem Zusammenhang nie erwähnt. Das Kind schließt daraus, dass »Roller« nur mit dem Phonem »R« starten darf. Babys sind in Bezug auf die Phoneme daher »Weltbürger«. Sie kommen mit der Fähigkeit auf die Welt, alle Phoneme zu hören, aber sie passen sich der Kultur, in der sie leben, an. Patricia

Kuhl zeigte durch ihre Experimente, dass Babys im Alter von sechs Monaten durch eine Art mentale Statistikführung auf die kulturbedingt richtigen Phoneme schließen. Hier zeigt sich auch ein beeindruckender Unterschied zwischen Mensch und Affe. Der Effekt tritt nur beim Menschen auf. Affen behalten ihre Fähigkeit, alle Phoneme zu differenzieren. Lediglich der Mensch hat einen »Magneten«, der ihn zu den muttersprachlichen Phonemen zieht.[100]

Nach etwas mehr als einem halben Jahr produzieren die Kinder dann ihr erstes Babbeln. Auf einmal sagen sie »Dadadada«, »Babababa«, oder »Mamamama«. Meist reagieren Eltern mit Stolz auf die ersten Silben, die ihr Baby hervorbringt. Es sollte jedoch ein bittersüßer Stolz sein. Mit dem ersten »Babababa« verlieren sie auf ewig ihre Fähigkeit, alle Phoneme der Welt unterscheiden zu können. Aus phonetischen Universalgenies werden kulturell geprägte Muttersprachler, die, sofern sie in Amerika leben, den französischen Mitmenschen später einen amüsanten Moment ermöglichen: »Let's meet at Au Bon Pain!«

Der fünffüßige Jambus
mit angehängtem Trochäus

Bis heute frage ich mich, wie man ein Gymnasium als »humanistisch« bezeichnen kann, obwohl dort nahezu täglich unschuldige Schüler mit Gedichtinterpretation gefoltert werden. Viele Teenager fänden wohl eher den Begriff »diabolisches« Gymnasium passender, vor allem, wenn Deutsch am Freitag in der sechsten Stunde auf dem Stundenplan steht und die Lehrkraft die grandiose Idee hat, dass man die Versstruktur eines klassischen deutschen Gedichts der Romantik im Detail zu analysieren hat. Um meine eigene Lehrerin, falls sie denn dieses Buch einmal lesen sollte, zu beruhigen: Es ist etwas hängen geblieben, und zwar ein Versmaß: der fünffüßige Jambus mit angehängtem Trochäus. Als Jambus bezeichnen wir folgendes Versmaß: Es grünt so grün. Auf eine leise Silbe folgt also eine laute Silbe. Als Trochäus bezeichnet man die gegenteilige Versstruktur: Freude, schöner Götterfunken.

Sprache ist dabei so flexibel, dass bei einem Wort verschiedene Versmaße möglich sind. So ist etwa eine plausibel oder aber sehr extreme Antwort auf die Frage an einen Autofahrer, was er tun werde, wenn ein Kind auf die Straße läuft: »Ich werde es umfahren.« Je nach Betonung ist es entweder ein nobler (um*fahren*) oder ein mörderischer (*um*fahren) Akt. Trotz der Flexibilität der Sprache gibt es gewisse Regelmäßigkeiten. Typischerweise spricht man die Worte einer Sprache im Schnitt auf eine ganz bestimmte Art aus. So sind etwa 90 Prozent der mehrsilbigen Wörter im Englischen jambisch. Im Polnischen ist es umgekehrt und die meisten mehrsilbigen Worte sind trochäisch.[101] Der bereits verstorbene Peter Jusczyk und seine Kollegen konnten etwa zeigen, dass auch die Prosodie – das Versmaß – einer Sprache den Kindern zu helfen scheint, Wortgrenzen zu identifizieren. Das Team nutzte ebendiese typische Prosodie, um zu testen, wie schnell Kinder lernen. Sie zeigten, dass richtige Einteilung von Wortgrenzen den Kindern im englischsprachigen Raum deutlich leichter fällt, wenn die Regel dafür auf einem Jambus basiert. Hören Kinder etwa die Worte »guitar is«, nehmen sie es im Alter von siebeneinhalb Monaten eher als »gui taris« war, weil die Betonung auf der Silbe »tar« erfolgt. Sie gehen davon aus, dass »taris« ein legitimes Wort ist, da das typische englische Versmaß genau diesen statistischen Schluss nahelegen würde. Babys werden manchmal also auch auf dem falschen Fuß erwischt, sie sind dann Sklaven ihrer strikten wissenschaftsähnlichen Herangehensweise. Nicht immer lassen die Beobachtungen der Welt es zu, glasklare Vorhersagen zu machen. Das Erlernen der Sprache folgt nicht aus deterministischem Input. Es gibt zu Hauf Sonderregeln und andere Störfaktoren, welche die Stärke der statistischen Signale abschwächen. Wie beim großen Wissenschaftler dauert es dann länger, Theorien zu entwickeln und akkurate Vorhersagen zu treffen. Der fünffüßige Jambus mit angehängtem Trochäus ist also nicht nur für Jugendliche in der Schule eine Schwierigkeit, auch die Babys lernen aus dem gemischten Versmaß langsamer.

Soziales Sprachelernen

Sprache ist eine inhärent soziale Tätigkeit. Ohne andere Menschen bräuchten wir keinerlei Sprache, um zu kommunizieren. Es gäbe ja niemanden, mit dem wir kommunizieren müssten. Das soziale Lernen im Bereich der Sprache ist daher ein sehr wichtiges Feld der Entwicklungsforscher. Die bisherigen Erkenntnisse deuten darauf hin, dass Sprachelernen eine Art statistisches Lernen ist, das auf angeborenem Sprachinstinkt sowie auf einer Universalgrammatik basiert. Gleichzeitig legt die Forschung nahe, dass das Erlernen der Sprache nicht *nur* durch rein akustische Signale getrieben ist. Sowohl Studien der Sprachwahrnehmung als auch der Sprachproduktion zeigen, dass die direkte Präsenz eines anderen Menschen wichtig ist. Ähnliches findet sich im Übrigen auch in der Forschung zum Erlernen des Singens bei Singvögeln.[102]

Die stärkste Evidenz für die wichtige Rolle sozialer Interaktion beim Sprachelernen stammt traurigerweise aus den Fallbeispielen von Kindern, die in völliger Isolation aufgewachsen sind und denen es nicht mehr gelingt, normal sprechen zu lernen.[103] Auch die Erforschung von Kindern mit Autismus liefert weitere Erkenntnisse: Diese zeigen im Gegensatz zu sich typisch entwickelnden Kindern keine Präferenz für Sprachlaute im Babyalter. Sie interessieren sich gleichermaßen für sprachliche wie für nicht-sprachliche Laute. Autistische Kinder scheinen sogar nicht-sprachliche Laute zu bevorzugen.[104] Häufig sind sprachliche und soziale Defizite eng miteinander verknüpft. So wie isolierte Kinder ohne andere Menschen aufwachsen, scheinen Kinder mit Autismus im übertragenen Sinne isoliert von den Mitmenschen aufzuwachsen. Beides wirkt sich negativ auf den Spracherwerb aus. Wie die Forschung von Andrew Meltzoff im Bereich des Imitierens zeigt, scheint den meisten Kindern das Imitieren und die Präferenz für sprachliche Laute angeboren. Hierauf basiert das statistische Lernen bei sich normal entwickelnden Kindern.

Die bis heute vermutlich bekannteste Studie zum Spracherwerb demonstriert eindrucksvoll, dass es auf *ernsthafte soziale Interaktion* ankommt und nicht auf *pseudo-soziale* Interaktion.[105] Die Entwicklungsforscherin Patricia Kuhl untersuchte hierbei amerikanische Babys im Alter von neun Monaten. Die Babys wurden in Mandarin unterrichtet: Sie hörten sich an, wie eine Muttersprachlerin aus einem Buch vorlas und die Funktionsweise von Spielzeug erklärte. Der Clou an ihrem Experiment war, dass die Lehrerin entweder direkt und persönlich vor ihren kleinen Zuhörern saß, oder im Nebenraum, während die Lektion über das Fernsehen übertragen wurde. Insgesamt erhielten die Babys zwölf Lektionen. Im Anschluss an die »Sprachschule« absolvierten sie einen Test, der genau die phonetischen Grenzen überprüfte, die amerikanische Kinder zu diesem Zeitpunkt eigentlich nicht mehr wahrnehmen können. Das Training hatte einen Effekt auf die Fähigkeit der Kleinen, aber nur, wenn es in persona erfolgte. Trotz identischer auditiver Signale lernten die Babys also besser, wenn die Lehrerin physisch anwesend war. Eine der potenziellen Erklärungen für diesen Unterschied ist die besondere Bedeutung des Blickfolgens (englisch: *gaze-following*).[106] Babys lernen auch dadurch, dass sie gemeinsam mit dem Erwachsenen etwas betrachten. Dies ist natürlich durch die Übertragung auf den Bildschirm sehr stark erschwert. Interessante Ergebnisse im Bereich der Sprachproduktion von Babys zeigen, wie sensibel diese auf direktes soziales Feedback reagieren.[107]

In einer Studie wurden Eltern instruiert, auf das Babbeln ihrer Babys unmittelbar mit einer positiven, nickenden und lächelnden Geste zu reagieren, während in der Kontrollgruppe die gleiche Reaktion folgte, deren Zeitpunkt aber nicht mit dem Babbeln koinzidierte. In der experimentellen Gruppe, in der die freundliche Geste unmittelbar nach dem Babbeln erfolgte, babbelten die Kinder mehr als die Kinder der Kontrollgruppe. Positives Feedback animierte die Kinder, weiterzusprechen. Die besondere Rolle von sozialen Interaktionen, so die Forschung, könnte eine Art Gatekeeper sein, der entscheidet, was sich zu lernen lohnt. Es ist also eine Art Möglichkeit, Arbeits- und Festplattenspeicher zu sparen.[108] Der Mensch nutzt sein Umfeld, um effektiv die Sprache zu lernen. Schon Babys wissen instinktiv, wann es sich lohnt, zu lernen, und wann man sich ausruhen kann.

Ein Vokabeltest für Babys

Babys lernen Wörter also »statistisch« und »sozial«, was bedeutet, dass diese aus der relativen Häufigkeit und der Platzierung in der gesprochenen Sprache abgeleitet werden, wenn es sich sozial lohnt. Audiosignale werden nicht per se verarbeitet, es kommt im Wesentlichen auch auf das soziale Umfeld an. Die meisten Kinder produzieren ihre ersten Wörter ungefähr im Alter von einem Jahr, manche etwas früher, manche etwas später. Zunächst fällt es Babys noch etwas schwer, die exakten Kategorien abzugrenzen. »Schlafen gehen« kann daher alles sein vom Schlafanzug-Anziehen übers Zähneputzen und Geschichte-Vorlesen bis hin zum Gute-Nacht-Lied-Singen.[109] Eine Arbeit von Elika Bergelson und Daniel Swingley an der University of Pennsylvania testete das Vokabelwissen von Babys im Alter von sechs bis neun Monaten.[110]

Die Forschungsergebnisse legen nahe, dass Kinder bereits in diesem Alter mit der Bedeutung vieler allgemeiner Nomen vertraut sind. Hierzu nutzten die Wissenschaftler eine Art Vokabeltest, in dem den kleinen Prüflingen jeweils zwei Bilder gezeigt wurden, zum Beispiel von einem Apfel und einem Mund. Die Mütter, instruiert durch die Versuchsleiter, gaben ihrem Baby folgende Anleitung: »Schau auf den Apfel.« Die Performance des Babys zu messen ist nicht ganz einfach. Die Forscher analysierten daher die relative Blickdauer auf den Apfel, wenn dieser angeschaut werden sollte, versus wenn dieser nicht angeschaut werden sollte. Sahen die Babys bei der

Aufforderung »Schau auf den Apfel« relativ länger auf den Apfel als bei der Instruktion »Schau auf den Mund«, dann legte dies ein Verständnis des Begriffs nahe. Insgesamt wurden den Babys eine ganze Reihe unterschiedlicher Bilder gezeigt, darunter auch komplexere Szenerien ähnlich einem Wimmelbild, auf dem sie etwas ganz Bestimmtes anschauen sollten. Die Ergebnisse zeigten, dass die überwiegende Mehrheit der Babys die Worte korrekt durch Hinsehen identifizierte. Der Vokabeltest ist also bestanden. Etliche Monate, bevor Babys ein Wort zum ersten Mal aussprechen, haben sie bereits ein konkretes Verständnis davon. Wissenschaftlerähnliches Forschen und Analysieren ermöglicht diese linguistische Meisterleistung.

Die Einblicke in die Denkprozesse von Babys, oft mit Hilfe von Blickdauerexperimenten gewonnen, geben uns einen sehr viel reicheren Blick auf die Sprache, als noch von B. F. Skinner in seinem Buch *Verbal Behavior* beschrieben. Ein komplexes Zusammenspiel aus sozialem Lernen, statistischem Verarbeiten, dem Abschalten genereller Phonemwahrnehmung und eine kulturspezifische Spezialisierung leitet das Lernen. Das Sprachelernen erfolgt in einer komplexen sozialen Interaktion, in der sogar die Erwachsenen ihre Sprache an das Kind anpassen. Patricia Kuhl spricht hier von einer Sprache, die es in jeder Sprache gibt: *Mother-ese* oder »Mutter-isch«.

Lernen durch die Geschichten anderer

»Es könnte sein, dass man aus Romanen und Geschichten mehr über die menschliche Psyche und Persönlichkeit lernen kann als aus dem gesamten Gebiet der wissenschaftlichen Psychologie«, so eine freie Übersetzung eines sehr berühmten Statements des Linguisten Noam Chomksy. Heute ist nicht gänzlich klar, ob diese Aussage auf Chomskys Liebe zur Literatur oder auf seinen Hass auf die damalige wissenschaftliche Psychologie zurückgeht. Vermutlich ist beides ein wenig wahr. Aber die besondere Rolle von Geschichten und Literatur findet sich nicht nur bei Chomsky. Geschichten sind zentral für uns Menschen. Sie begleiten uns, solange es die Sprache gibt. Der Historiker Yuval Noah Harari etwa sieht in der menschlichen Fähigkeit, Geschichten zu erzählen und – wichtiger – an diese zu glauben, die vielleicht wichtigste Kompetenz, die unsere Historie geprägt hat. Glaube an Fiktion kann in erheblichem Maße zu kollektivistischem Verhalten führen. Nimmt man die Weltmeisterschaft im Fußball als Beispiel, ist es der Glaube daran, dass es etwas Besonderes ist, diesen bestimmten Goldpokal zu gewinnen. Fast jeder der kickenden Millionäre könnte sich so einen aus Gold gießen lassen, dieser selbstgegossene Pokal wäre jedoch ideell wertlos. Auch der Nobelpreis, ein Oscar oder eine Tapferkeitsmedaille wären in ihrer Kopie ohne einen Wert, der über den reinen Materialpreis hinausgeht. All diese Dinge bedeuten mehr als der Gegenstand. Wir glauben daran, dass er für etwas steht. Letzten Endes sind Firmen, Verträge und Staaten ebenfalls nur eine Fiktion. Sie wurden erdacht und aufgeschrieben und dadurch real, dass wir als Gemeinschaft daran glauben.

Geschichten leiten unser Lernen in extremem Ausmaß. Aus *Bambi* beispielsweise lernen wir etwas über Liebe und Freundschaft, der Glaube an den Nobelpreis lässt Forscher motiviert arbeiten. Jeder von uns weiß vieles und richtet sein Handeln danach aus, obwohl wir es nur aus Geschichten oder den Erzählungen anderer wissen. Ich selbst habe nie gesehen, dass die Erde tatsächlich eine Kugel ist, ich habe noch nie einen Pinguin am Südpol gesehen und noch nie selbst erlebt, dass man im All schwerelos ist. Trotzdem bin ich nicht skeptisch gegenüber diesen Aussagen. Ich bin fest davon überzeugt, dass sich das Klima ändert, und das Schicksal der Pinguine angesichts der schmelzenden Pole geht mir nahe. Ich würde mein gesamtes Geld darauf verwetten, dass ich im All schwerelos wäre. Andere Erzählungen machen mich skeptischer. Ist Jesus wahrhaftig der Sohn Gottes? Ist er tatsächlich über das Wasser gelaufen? Auch dies erzählen mir viele Leute, die ich für integer halte. Welche Geschichten lohnen sich zu glauben, welche nicht?[111] Wem vertrauen wir, wenn wir Geschichten hören, und welche Erzählungen akzeptieren wir als Wissen?

Zahlreiche Studien thematisierten ebendiese Problematik. An welche Geschichten glauben Kinder? Kleinkinder zum Beispiel glauben eher ihren Eltern. Wenn man ihnen in einer Studie etwa einen unbekannten Gegenstand gibt, inspizieren sie diesen sofort. Sagt ein Fremder dann: »Dies ist ein Fep«, glauben die Kinder das erst einmal. Sagt die Mutter aber daraufhin: »Das ist ein Dax«, dann bezeichnen die Kinder den Gegenstand als »Dax«. Sie glauben dem Menschen, den sie kennen und lieben. Wenn zwei fremde Personen einen Gegen-

stand unterschiedlich bezeichnen, übernehmen schon Dreijährige den Begriff derjenigen Person, die selbstsicherer wirkt.
Wenn Vater und Mutter einen neuen Gegenstand unterschiedlich bezeichnen, ist die Frage spannend: Welchen Begriff nutzen die Kinder anschließend? Es handelt sich um den ultima-
tiven Vertrauenstest.

In einer weiteren Studie wurde getestet, wie Kinder auf
unterschiedliche Mehrheitsverhältnisse reagieren. Hier zeigt
sich, dass sie sich sehr verlässlich auf die Mehrheitsmeinung
verlassen. Wenn etwa drei fremde Menschen den Gegenstand
übereinstimmend anders bezeichnen als eine bekannte Person, dann glauben sie den drei Fremden.[112] Kinder vertrauen
also nicht bedingungslos auf die nahen Bekannten. Sie wissen, dass ein statistisches Signal, das von mehreren kommt,
verlässlicher ist als ein einzelnes Signal von den Eltern, auch
wenn diese grundsätzlich sehr vertrauenswürdig sind.

Kunst steht für etwas Reales

Eine Tradition, die ich von meinem Vater übernommen habe, ist es, den Kindern etwas von meinen Reisen mitzubringen. Nach einer Forschungsreise in Island schenkte ich meinem zu diesem Zeitpunkt 18 Monate alten Sohn ein kleines Figürchen, einen Papageientaucher. Ich betitelte diesen mit seinem niedlicheren englischen Namen, *Puffin*. Fragte ich meinen Sohn anschließend, wo der *Puffin* sei, lief er los zu seiner Kiste mit den anderen Tieren, holte zielgerichtet den Papageientaucher hervor und brachte ihn mir strahlend. Interessant wird es beim nächsten Besuch im Zoo. Wenn wir den Papageientaucher dort sehen und ich nach einem *Puffin* frage, wird er diesen dann erkennen, oder glaubt er, dass der Name der Figur *Puffin* ist? Mit anderen Worten, erkennt mein Sohn, dass die Figur des Papageientauchers diesen lediglich repräsentiert wie ein Kunstwerk? Generell gesprochen: Erkennen Babys, dass eine Skulptur etwas anderes abbildet oder dass ein Foto eine visuelle Repräsentation beispielsweise eines Menschen ist? Im Alter von bis zu 18 Monaten ist dies für Babys sehr schwierig.[113] So versuchen sie lustigerweise, Gegenstände aus einem Bild herauszuholen oder sogar in Bilder hineinzuklettern. Den Unterschied können Babys jedoch schon erkennen. Wenn sie etwa die Auswahl zwischen einer Puppe und einem Bild derselben haben, bevorzugen die Babys regelmäßig die echte Puppe.

Aber ab wann erkennen sie den repräsentativen Charakter

eines Bildes? Wann verstehen sie, dass Kunst etwas bildlich darstellt? Ein sehr elegantes Experiment hierzu stammt von Melissa Preissler und Susan Carey.[114] Die Wissenschaftlerinnen dachten sich ein neues Wort für einen Gegenstand aus und tauften diesen »Whisk«. Anschließend luden sie einige Kinder in ihr Forschungslabor ein. Die jüngsten waren lediglich 18 Monate alt. Die Kernfrage lautete, ob diese den Unterschied zwischen der Repräsentation eines Objektes und dem Objekt selbst erkennen. Zunächst zeigten sie den Kindern ein Foto des »Whisks« und sagten: »Das hier ist ein Whisk.« Anschließend testeten die Forscherinnen das Wissen der Kinder und zeigten ihnen sowohl den Gegenstand als auch das Foto. Auf die Frage »Was ist ein Whisk?« antworteten die Kinder richtig und zeigten auf das Objekt. Sie wussten also, dass zuvor eine Abbildung gezeigt worden war und erkannten das fotografierte Objekt wieder. Das ist erstaunlich, denn das Wort »Whisk« hatten die Kinder noch nie zuvor gehört und den Gegenstand noch nie zuvor gesehen. Sie mussten also verstanden haben, dass man mit Fotos etwas repräsentieren kann. Ein Foto von einem Whisk ist eben kein Whisk, sondern nur ein Foto davon.

Im Alter von nicht einmal zwei Jahren sind Kinder also im Stande, nicht nur Sprache zu nutzen, um Objekte, Subjekte und Handlungen zu beschreiben, sondern sie verstehen auch, dass man Menschen, Tiere, Pflanzen und Dinge durch künstliche Repräsentationen darstellen kann – sie fangen an die Kunst zu verstehen.

Musikverständnis bei Babys

Ebenso wie ein frühes Verständnis für Kunst und Literatur scheint dem Menschen ein Gefühl für Musik in die Wiege gelegt zu sein. Hierbei macht genauso wie der Ton auch der Takt die Musik. Er ermöglicht dem Menschen, synchron zu tanzen. István Winkler und einige Kollegen gingen daher der Frage auf den Grund, wie stark Musik in Form von Takten dem Menschen in die Wiege gelegt ist.[115] Sie untersuchten dazu die Gehirnfunktion von Neugeborenen, denen entweder taktvolle oder aus dem Takt geratene Musik vorgespielt wurde. War der Grundschlag aus dem Takt, reagierten die Neugeborenen darauf mit veränderter Hirnaktivität. Die Autoren zogen daraus den Schluss, dass uns der Sinn für Musik angeboren ist.

Diese Ergebnisse stehen im Gegensatz zu anderer Forschung, die nahelegt, dass das rhythmische Wiegen im Arm ein sehr starker kultureller Einflussfaktor für erste musikalische Wahrnehmung ist. Vermutlich ist beides irgendwie richtig. Wie bei Sprache scheint es eine inhärente Fähigkeit zu geben. Darauf aufbauend funktioniert das Lernen dann in rapider Geschwindigkeit. So schaffen es sieben Monate alte Babys regelmäßig, unterschiedliche Rhythmen zu identifizieren.[116] Eine Alternativerklärung zum Angeborensein ist etwa pränatales Lernen. Es kann ebenso sein, dass Fähigkeiten nur in dem Sinne angeboren sind, dass sie bereits ab Geburt vorhanden sind. Natürlich ist es ebenso plausibel, dass die 40 Wochen im Mutterleib intensiv zum Lernen genutzt werden. Gerade in Bezug auf die Musik scheint dies relevant, denn Babys können ja bereits im Mutterleib hören. Angeboren bedeutet demnach nicht notwendigerweise genetisch bedingt.

Teil 4

Das Baby als Naturwissenschaftler

Die Forschungsreise der Babys führte uns von den erkenntnistheoretischen Grundlagen, welche die Metapher des wissenschaftlichen Babys einführte, hin zu den Sozial- und Geisteswissenschaften. Die soziale Welt zu verstehen und die Sprache zu erlernen sind zweifelsohne wichtige wissenschaftliche Durchbrüche des frühen Kindesalters. Oft wird ebenjenen Fachgebieten ja auf eher arrogante Weise die Wissenschaftlichkeit abgesprochen. Wenn ich mich von meinem Institut etwa zum Hauptgebäude der Universität aufmache, um Vorlesungen zu halten, spaziere ich regelmäßig an den Instituten für Mathematik, Statistik und Physik vorbei. Ganz bescheiden firmieren diese unter dem Namen »Institut für exakte Wissenschaften«. Als ob alle anderen in der Universität nicht exakt arbeiten würden. Zum einen ist der Name schlichtweg falsch. Weder Statistik noch Physik (seit den Erkenntnissen der Quantenphysik) kann man als »exakt« bezeichnen, lediglich die Mathematik beansprucht diesen Namen zu Recht, wie das »Institut für exakte Wissenschaften« auch selbst zugibt. Aber zweifelsohne ist der Nachweis des wissenschaftlichen Babys auch nicht vollständig erbracht, sofern man die Naturwissenschaften wie Mathematik, Biologie und Physik komplett ausklammert. Dies hat die Entwicklungspsychologie auch getan, und Teil 4 des Buches präsentiert einige der faszinierenden Erkenntnisse, dass Babys ebenso kleine Naturwissenschaftler sind.

Mathematik: Zum Lernen nötig

Eigentlich macht es keinen großen Unterschied, ob man sich an der Universität für Mathematik, Physik, Biologie, Chemie, Ingenieurwissenschaften, Geologie, Meteorologie oder Wirtschaftswissenschaften einschreibt. Der erste Kurs ist in allen Fächern mit ziemlich großer Sicherheit ein universitärer Grundkurs in Mathematik. Den Begriff *Mathematik* kann man aus dem Altgriechischen übersetzen mit »zum Lernen nötig«. Dies ist zudem die (für manche bittere) Realität an den Universitäten. Die Mathematik wird häufig als die Grundlage von allen anderen Naturwissenschaften und sogar einigen Sozialwissenschaften bezeichnet. Mathematik spielt darüber hinaus in unser aller Leben eine zentrale Rolle. Scheinbar mühelos können wir mit Zahlen hantieren, wir addieren und subtrahieren, wir erkennen Mengen oft auf den ersten Blick. Der Schwierigkeitsgrad steigt dann überproportional an, wenn es um lineare Algebra, Differentialgleichungen und Statistik geht. Doch trotz der Mühen, die viele erwachsene Menschen mit höherer Mathematik haben, gehen Entwicklungsforscher davon aus, dass uns ein gewisser Sinn für Mathematik innewohnt und dass unser rapides Lernen auch komplexer Rechenkunst auf diesen angeborenen Fähigkeiten aufbaut.

181

Babys als Mathematiker

Als Karen Wynn am 27. August 1992 die *New York Times* aufschlug, muss sie nicht schlecht gestaunt haben: Sie fand sich auf der Titelseite wieder. Karen Wynn ist keine Spitzenpolitikerin und auch keine olympische Goldmedaillengewinnerin. Sie arbeitet als Kognitionspsychologin und forscht vor allem auf dem Gebiet der kindlichen Entwicklung. Es passiert nicht häufig, dass man es damit bis auf die Titelseite dieser weltberühmten Zeitung schafft. Dort wurde an diesem Tag außerdem über den laufenden Golfkrieg und über eine blutige Schießerei im New Yorker Stadtteil Bronx mit insgesamt zwölf Todesopfern berichtet.

Wie kam es dazu, dass sich das Nischenthema Entwicklungspsychologie an diesem Tag dazugesellte? Der Grund: Karen Wynn veröffentlichte am selben Tag einen Forschungsartikel in der Fachzeitschrift *Nature*, dem wohl renommiertesten aller naturwissenschaftlichen Journale. Die Experimente, über die sie berichtete, gelten bis heute als wegweisend und prägten viele weitere Forschungsarbeiten. Sie konnte erstmals zeigen, dass Babys im Alter von nur fünf Monaten in der Lage sind, grundlegende Rechenarten zu beherrschen – Babys scheinen einen angeborenen Sinn für Numerik zu haben, das legen zumindest ihre Ergebnisse nahe. Konkret zeigte sie, dass Babys einfache Subtraktionen und Additionen korrekt berechnen können.

Wynns Experiment sah folgendermaßen aus: Sie platzierte die im Schnitt fünf Monate alten Versuchsteilnehmer vor einer Art Schuhkarton-Theater. Der Vorhang war geschlossen. Von der Seite des Kartons her erschienen hintereinander zwei Spielzeugmäuse und verschwanden flink hinter dem Vorhang. Dann wurde der Vorhang gelüftet. Zum Vorschein traten entweder zwei Mäuse (das mathematisch zu erwartende Ergebnis) oder lediglich eine Maus (das mathematisch überraschende Ergebnis). Wynn machte sich die Erkenntnis von Robert Fantz zu Nutze und maß die Blickdauer. Die Ergebnisse zeigten recht deutlich, dass Babys zwischen den Situationen unterscheiden können. Generell schauen sie länger auf Dinge, die sie überraschend, sonderbar oder anderweitig interessant finden. So auch in diesem Experiment: Die kleinen Probanden blickten länger auf das überraschende, mathematisch nicht korrekte Ergebnis. Sie erwarteten zwei Mäuse, und folglich musste irgendetwas an der Theaterbox komisch sein, wenn nur noch eine Maus da war. Die Babys fanden $1 + 1 = 1$ einfach unlogisch.

In einer weiteren, nahezu identischen Studie testete Wynn die Fähigkeit zur Subtraktion. Hier waren zwei Mäuse zu sehen, von denen die Versuchsleiterin dann eine wegnahm. Wurde der Vorhang hochgezogen und sahen die Babys lediglich eine weitere Maus, wunderten sie sich nicht. Waren jedoch zwei Mäuse zu sehen, schauten sie wesentlich länger auf die Szene. $2 - 2$ war doch nicht 2? Irgendwo musste eine weitere Maus hergekommen sein.

Eines der die Wissenschaft prägenden Prinzipien ist die Suche nach alternativen Erklärungen für ein gefundenes Phänomen. Schon kleine Kinder machen sich Gedanken darüber, ob die einer Erkenntnis zugrunde liegenden Daten wirklich glaubwürdig, statistisch sauber aus einer zufälligen Stichprobe gezogen oder auf sonstige Weise in irgendeiner Art verzerrt sind. Was war hier faul? Wo konnte die andere Maus hergekommen sein?

Die Wissenschaftsgemeinschaft diskutierte im Anschluss an die Publikation Karen Wynns Resultate intensiv. In vielen weiteren Studien wurde das Experiment wiederholt. An ihrem Ergebnis änderte das nichts. Die Daten sind eindeutig und die Erkenntnislage ist die: Dem Menschen scheint ein grundsätzliches Verständnis von Mengen, Zahlenbeziehungen und anderen elementaren mathematischen Gesetzmäßigkeiten angeboren. Wir haben vermutlich einen Sinn für Mathematik.[117]

Ein mentaler Zahlenstrahl

Nicht lange nach ihrer Einschulung begegnet Kindern erstmals etwas, das sie im Mathematikunterricht noch lange begleiten wird: der Zahlenstrahl. Eine der frühen Aufgaben ist es, Zahlen akkurat darauf einzuzeichnen. Für ein mathematisches Verständnis scheint es wichtig, Nummern und deren Bedeutung räumlich darzustellen und zwar dort, wo es logisch Sinn ergibt. Für uns Erwachsene ist es meist kein Problem, zu verstehen, dass 10 doppelt so viel ist wie 5 und 1000 doppelt so viel wie 500. Mit ganz großen Zahlen fällt uns das dann irgendwann schwerer. Wir wissen zwar, dass 500 Milliarden doppelt so viel sind wie 250 Milliarden, aber die Vorstellungskraft über die genauen Mengen in derartiger Größe schwindet irgendwann.

Eine elementare Frage in der Kognitionspsychologie ist die nach der genauen Art und Weise, wie unser Gehirn Zahlen mental repräsentiert. Nutzt es auch einen Zahlenstrahl, wie es Kinder in der Grundschule tun? Eine Hypothese in der Entwicklungspsychologie ist hier der *mentale* Zahlenstrahl, eine imaginäre Linie im Kopf, auf der wir die Zahlen eintragen, genau wie in der Grundschule. Die genaue Art und Weise mag sich kulturell unterscheiden, aber das Konzept des mentalen Zahlenstrahls scheint universell. Obwohl unbewusst, ist er in den meisten westlichen Ländern von links nach rechts ausgerichtet und linear. In Kulturen, die von rechts nach links lesen, scheint der mentale Zahlenstrahl entsprechend von rechts nach links zu verlaufen.

Eine Sache fällt dabei besonders auf: Experimente an kleinen Kindern im Vorschulalter zeigen, dass sie praktisch alle Zahlen vermeintlich falsch auf dem Strahl kartieren. Spannenderweise tun sie dies aber auf die gleiche, vorhersehbare und nur vordergründig falsche Art: Auf einem kindlichen Zahlenstrahl zwischen 1 und 100 ist etwa die 10 auffällig oft in der Mitte angesiedelt. Dies scheint falsch, aber nur, wenn man einen *linearen* Zahlenstrahl im Kopf hat. Die 10 gehört ziemlich genau in die Mitte, wenn man die Zahlen *logarithmisch* auf den Zahlenstrahl schreibt. Hier ist nicht die absolute Menge maßgeblich, sondern die Wachstumsrate. Ein Wachstum von 1 auf 10 ist genauso hoch wie ein Wachstum von 10 auf 100. Die 10 muss also log(arithm)ischerweise genau in die Mitte. Auf unserem mentalen Zahlenstrahl haben wir also sehr viel Platz für kleine Zahlen und sehr wenig Platz für große. Auf einem Strahl von 1 bis 10 000 haben alle Zahlen von 1000 bis 10 000 genauso viel Platz wie die zwischen 1 und 10.

Stanislas Dehaene und seine Kollegen stellten sich die Frage, ob die logarithmische Skala diejenige ist, die der Mensch intuitiv in sich trägt.[118] Ist der angeborene Zahlenstrahl eher logarithmisch oder linear? Sie brachen daher auf eine Reise tief in den Amazonas auf, um die Mundurukú zu besuchen, ein indigenes Volk mit reduziertem numerischen Lexikon und keinem formalen Bildungssystem. Die Mundurukú nutzen keinerlei lineare Messinstrumente, es gibt weder Karten, Lineale noch statistische Graphen. Nichtsdestotrotz haben sie komplexe Konzepte über Zahlen und Raum, allerdings auf nonverbale Art. Die Forscher stellten die Mitglieder des Naturvolkes vor die Aufgabe, Zahlen auf einem Zahlenstrahl einzutragen. Darauffolgende statistische Untersuchungen an diesem Datensatz zeigten, dass das Verhalten der Menschen am ehesten durch ein logarithmisches Modell beschreibbar ist. Wenn die Mundurukú darüber nachdenken, wie man Zahlen räumlich – egal ob im Kopf oder auf einem Zahlenstrahl auf dem Papier – darstellt, finden sie die logarithmische Skala naheliegend. Tierversuche mit verschiedenen Spezies zeigen, dass diese Mengen (viel oder wenig Futter) ähnlich repräsentieren – sie nutzen logarithmische Skalen.[119]

Kindergartenkinder in der westlichen Welt tun dies ebenso. Und ein gleiches Verhaltensmuster zeigen Erwachsene bei sehr großen Zahlen. In der Studie verglichen Dehaene und Kollegen die Antworten der Mundurukú mit denen von Amerikanern. Es zeigte sich, dass Amerikaner bei kleinen Zahlen eine lineare Skala im Kopf hatten – sie werden routiniert auf einem erlernten linearen Zahlenstrahl abgebildet. Je größer die Zahlen wurden, desto eher neigte das Verhalten der Amerikaner zu dem der Mundurukú zu passen. Es scheint, dass wir Menschen und andere Tiere ein mathematisches System in uns tragen, dass nicht linear, sondern natürlich logarithmisch ist.

Interessanterweise passen diese Ergebnisse zu einem sehr viel generelleren Gesetz der Psychophysik, dem Weber-Fechner-Gesetz. Obwohl sich Weber und Fechner auf Wahrnehmungskontinuitäten wie Lautstärke konzentrierten, zeigten Stevens und Shepard, dass auch abstraktere Parameter, darunter unser Sinn für die Zahl, dem Weberschen Gesetz folgten.[120] Der Physiologe Ernst Weber bemerkte 1834, dass es eine gewisse Reizschwelle gibt, mit der der Mensch Veränderung bemerkt. Wir registrieren den Gewichtsunterschied von einem auf zwei Kilogramm sehr gut, den von zehn auf elf Kilogramm aber nicht so eindeutig. Ob der Unterschied von einem Kilogramm auffällt, ist also relativ. Es ergibt daher Sinn, dass wir auf dem 100er-Zahlenstrahl den ersten 10 Zahlen sehr viel mehr Platz und somit Bedeutung schenken als den letzten 90 Zahlen.

Robert Siegler und Julie Booth zeigten, dass uns der lineare Zahlenstrahl anerzogen ist.[121] Sie untersuchten Kinder im Kindergarten sowie im ersten und zweiten Schuljahr. Die kleineren Kinder machten den gleichen »Fehler« wie die Mundurukú: Sie platzierten die Zahlen so, wie eine logarithmische Skala diese vorhersagen würde. Nur die Zweitklässler nutzten die lineare Skala und trugen die mittlere Zahl in die geometrische, lineare Mitte ein, nicht in die logarithmische Mitte. Gab man den Zweitklässlern allerdings die Aufgabe, große Zahlen bis 1000 auf den Strahl zu schreiben, so machten sie den gleichen »Fehler« wie die jüngeren Kinder mit den kleinen Zahlen, wie die Mundurukú und die Erwachsenen bei den ganz großen Zahlen – sie zeichneten die Zahl logarithmisch ein.[122]

Maria de Hevia und Elizabeth Spelke schließlich untersuchten in einem weiteren Experiment die Fähigkeit von *Babys*, Zahlen auf dem Zahlenstrahl zu repräsentieren.[123] Natürlich sind Babys nicht in der Lage, eine geschriebene Zahl auf einer Skala zu markieren. Aus diesem Grund machten sich die Forscher erneut die Eigenheit zunutze, dass Babys dorthin blicken, wo es eine Erwartungsverletzung gibt, wo etwas Überraschendes auftritt oder wo etwas besonders spannend oder neu ist. Und in der Tat: Die Babys schauten länger dorthin, wie es mathematisch sonderbar aussah. Die Ergebnisse legen nahe, dass Menschen sehr früh Zahlen und Raum mental miteinander verknüpfen. Konkret untersuchten die Autorinnen Kinder verschiedener Altersklassen. Die jüngsten waren etwa acht Monate alt. Die Wissenschaftlerinnen zogen daraus den Schluss, dass Babys schon vor der Entwicklung von Sprache in der Lage sind, elementare mathematische Gesetzmäßigkeiten zu erkennen. Die Grundlage für weitere Forschungen in den Naturwissenschaften wie Physik, Biologie oder Ingenieurswesen ist daher geschaffen.

Aus den Augen ist nicht aus dem Sinn

Der Begründer der Entwicklungspsychologie, Jean Piaget, widmete sich im Jahre 1954 einem der wichtigsten Themen des noch jungen Forschungsfeldes: der Entwicklung von Objektpermanenz bei Kindern. Wir erinnern uns: Das ist die Fähigkeit zu wissen, dass ein Gegenstand oder eine Person, der oder die zu den Zeitpunkten eins und zwei existiert, auch in der Zwischenzeit existieren muss. Übersetzt auf ein tägliches Problem eines Babys heißt das: Wenn Mama oder Papa aus dem Raum gehen und anschließend wiederkommen, müssen sie in der Zeit dazwischen auch existieren. Eine interessante Frage ist, ab welchem Alter Babys über abstraktes Wissen der Objektpermanenz verfügen. Ab wann gilt nicht mehr: Aus den Augen, aus dem Sinn?

Jean Piaget stellte die Hypothese auf, dass dies mit etwa neun Monaten der Fall sei. Die Grundlage für diese Annahme waren die Ergebnisse eines sehr berühmten Experiments Piagets in der Entwicklungspsychologie. Er ließ Babys dabei im Alter von acht Monaten mit einem Spielzeug spielen. Dann nahm er es aus der Hand der Babys und bedeckte es mit einem Tuch, sodass der kleine Proband das Spielzeug nicht mehr sehen konnte. Piaget interessierte sich für die nun folgende Handlung der Babys: Würden diese unter dem Tuch nach dem Gegenstand suchen? Dies würde nahelegen, dass die Versuchsteilnehmer ein Verständnis von Objektpermanenz haben. Piaget beobachtete, dass die Kinder üblicherweise nicht unter dem

Tuch nachschauten und zog daraus den folgenden Schluss: Babys verfügen im Alter von unter neun Monaten nicht über Objektpermanenz. Dieses Experiment wurde von vielen Forschern wiederholt, mit dem gleichen Ergebnis: Babys in diesem Alter schauen in aller Regel nicht unter dem Tuch nach, obwohl sie dazu physisch in der Lage sind.

Es stellte sich jedoch 30 Jahre nach Piagets Experiment heraus, dass die Art des Versuchs sich nicht eignete, um Objektpermanenz bei Babys nachzuweisen. Renée Baillargeon fand in den frühen 1980er-Jahren heraus, dass das Verhalten der Miniprobanden in Piagets Versuch schlicht durch die Tatsache begründet sein könnte, dass Babys erst im Alter von etwa neun Monaten beginnen, koordinierte Aktionen mit einer längeren Kette von Wenn-dann-Beziehungen zu tätigen. Verhaltensweisen wie an einer Schnur zu ziehen, die an einem Spielzeugauto hängt, auf dem ein Ball liegt, um an den Ball zu gelangen, bedürfen eines komplexeren Verständnisses über die kausale Beziehung von Objekten. Einfache Wenn-dann-Manipulationen wie das Ziehen einer Schnur, an der ein Auto hängt, gelingen etwas früher.[124] Ein Experiment, das Objektpermanenz testet, aber gleichzeitig derart koordiniertes Verhalten benötigt, eignet sich also nicht für Kinder unter neun Monaten. Daraus zu interpretieren, dass jüngere Babys nicht zur Objektpermanenz fähig sind, ist ein Fehlschluss. Das wäre ungefähr dasselbe wie einem Mathematikprofessor die Fähigkeit zum geometrischen Verständnis zu entsagen, weil dieser nicht in der Lage ist, eine Billardkugel mit einem komplizierten Stoß einzulochen.

Das Team um Renée Baillargeon erdachte sich daher ein neues experimentelles Paradigma, um Objektpermanenz zu testen. Die Entwicklungspsychologin hatte bei Elizabeth

Spelke und Rochel Gelman in Harvard promoviert. Spelkes Arbeit widmete sich zu dieser Zeit vor allem dem Erforschen der physikalischen Welt durch Babys. Inwiefern verstehen Babys die Eigenschaften von Objekten? Das Labor von Elizabeth Spelke sammelte vielerlei Grundprinzipien über Objektwissen, über das Babys recht früh verfügen.[125] Zum einen ist dies die Bindekraft. Bricht ein Objekt auseinander, wundern sie sich. Sie müssen also davon ausgegangen sein, dass es über einen inneren Zusammenhalt verfügt.[126] Zum zweiten ist dies die Kontinuität von Objekten.[127] Rollt ein Ball hinter eine Kiste und kommt auf der anderen Seite unversehrt wieder hervor, gehen Babys genau wie Erwachsene davon aus, dass es sich um denselben Ball handelt. Die dritte Eigenschaft von Objekten, die Babys schon recht früh begreifen, ist die Solidität.[128] Schon sehr kleine Babys erwarten, dass Gegenstände nicht einfach durch andere hindurchgleiten können. Wenn man etwa eine Trinkflasche auf den Tisch stellt, sollte dieser die Flasche tragen. Viertens wissen schon kleine Babys, dass ein Anstoßen ein Objekt zur Bewegung bringt. Wenn sie beobachten, dass ein Bauklotz sich von der Stelle bewegt, kurz *bevor* er angeschoben wird, reagieren sie mit verwunderter Überraschung.[129] Diese Verwunderung kann man bei Kleinkindern wunderbar beobachten, wenn man mit Magnetismus arbeitet. So kann man ja durchaus eine kleine Magneteisenbahn »anschubsen«, in dem man sie mit einem umgekehrt gepolten Magneten steuert. Bei einem Tier oder Menschen hingegen gehen sie ohne Verwunderung davon aus, dass dieses oder dieser sich von selbst fortbewegt.

Baillargeons Forschungsergebnisse zeigen auf beeindruckende Weise, dass es Babys im Alter von fünfeinhalb Monaten bereits aufzufallen scheint, dass Gegenstände nicht einfach durch andere hindurchfallen können. Sie betrachteten diese physikalisch »unmögliche« (d. h. durch die Versuchsleiter manipulierte) Form deutlich länger, was ein Hinweis darauf ist, dass sie bereits ein Konzept von Objektpermanenz in sich tragen müssen. In Folgeexperimenten, die versuchten, einige Alternativerklärungen auszuschließen, gelang sogar der Nachweis, dass Babys regelmäßig im Alter von viereinhalb Monaten und häufig sogar schon im Alter von dreieinhalb Monaten über Objektpermanenz verfügen.

Diese Forschung legt nahe, dass Babys bereits wissen, dass Objekte unter einem Tuch verborgen nach wie vor existieren, lange bevor sie bereit sind, das Tuch anzuheben, um darunter versteckte Spielsachen zu suchen.

Babys als na(t)ive Biologen

What is life? Diese Frage stellte sich nicht nur der Beatle George Harrison in seinem gleichnamigen Song, sondern auch der berühmte Physiker Erwin Schrödinger, dessen Haustier es zu einem höheren allgemeinen Berühmtheitsgrad gebracht hat als er selbst. Er benutzte seine Katze in einem Gedankenexperiment zur Quantenmechanik als Subjekt und zeigte, dass diese gleichzeitig tot und lebendig sein konnte. Sein Werk mit dem Titel *Was ist Leben?* ist zwar weniger bekannt, aber nicht minder bedeutsam. Die Entdecker der Doppelhelixstruktur, James Watson und Francis Crick, gaben unabhängig voneinander an, dass Schrödinger sie damit zu ihrer eigenen Arbeit inspiriert habe. *Was ist Leben?* ist Schrödingers Versuch, die physikalische mit der biologischen Welt zu verschmelzen. Wie kann ein biologisches Wesen, das logischerweise an die Gesetze der Physik gebunden ist, denken, handeln, fühlen? Die Tatsache, dass biologische Wesen (ein Tier, ein Mensch, eine Pflanze) und physikalische Objekte (ein Stein, ein Stuhl, ein Auto) unterschiedlich sind, ist für uns so klar, dass wir selten darüber nachdenken. Umso spannender ist die Entwicklung dieser Erkenntnis. Wie früh unterscheidet der Mensch zwischen physikalischem Gegenstand und Lebewesen?

Die Biologie als die Wissenschaft der belebten Natur erforscht alles, was lebt. Sie bildet Theorien und leitet daraus Vorhersagen ab, wie sich biologische Wesen verhalten. In den 1990er-Jahren gewann die Forschungsfrage, ob und in welchem Ausmaß kleine Kinder bereits über theorieähnliches Wissen im Bereich der Biologie verfügen und dieses Wissen nutzen, um Vorhersagen über die Natur zu machen, an Bedeutung. Um kleinen Kindern Theoriebildung (zum Beispiel: Alle Lebewesen tun dies und das) zuzugestehen, die über eine Sammlung einzelner Wissensstücke hinausgeht (Hunde machen *wau-wau*), benötigen diese kohärente Prinzipien, mit denen sie Vorhersagen machen.

Die Entwicklungsforschung hat bis heute vielerlei Erkenntnisse darüber gewinnen können, dass Babys sehr früh anfangen, die Biologie als etwas zu begreifen, das über die Physik hinausgeht. Francesca Simion, Lucia Regolin und Hermann Bulf zeigten in Experimenten auf, dass Neugeborene im Alter von lediglich zwei Tagen bereits eine Art Prädisposition für biologische Bewegung haben.[130] Diese Vorliebe wurde bis zum Erscheinen ihres Artikels im Jahre 2008 lediglich beim gewöhnlichen Haushuhn nachgewiesen. Zu diesem Zweck programmierte das Forscherteam einfache Computergrafiken, die aus schwarzen Punkten auf einem weißen Untergrund bestanden. Die Punkte konnten sich bewegen, und die Forscher manipulierten gezielt, ob sie zufällig umherwanderten oder so, dass man eine Art laufendes Wesen hineininterpretieren konnte. Die Ergebnisse zeigten, dass die Neugeborenen die biologische Bewegung deutlich bevorzugten, indem sie eher auf ebendiese schauten als auf die sich rein zufällig bewegenden Grafikpunkte. Die Autoren deuten diese und ähnliche Ergebnisse als Hinweis dafür, dass viele Spezies, vom gewöhnlichen Haushuhn bis zum kleinen Menschenbaby, eine angeborene visuelle Präferenz für biologische Bewegung haben. Es bestünde somit ein erster Anknüpfungspunkt, auf dessen Basis sich biologische Theorien entwickeln können, die sich von denen der

Physik unterscheiden. Hieraus könnte ein erstes kindliches Verständnis der Biologie wachsen.

Michelle Heron-Delaney, Sylvia Wirth und Olivier Pascalis untersuchten daher, ob es sehr kleinen Babys schon gelinge, ihre eigene Spezies zu erkennen.[131] Andrew Meltzoff hatte durch seine Imitationsstudien ja bereits gezeigt, dass Babys andere Menschen imitieren und auf ähnliche Mimik mit der gleichen Mimik reagieren. Aber können Neugeborene schon den Unterschied zwischen einem Menschen und einem Gorilla erkennen? Hierzu schauten Heron-Delaney und ihre Kollegen, ob Babys sich eher für einen Menschen oder einen Gorilla interessieren und überprüften dabei auch, ob es einen Unterschied macht, ob der gesamte Körper oder lediglich der Kopf zu sehen ist. Aufgrund des starken Fokus auf Gesichter in den ersten Lebenswochen eines Babys könnte es sein, dass diese zunächst ein Verständnis eines Gesichts entwickeln. In einer Studie mit Neugeborenen im Alter von wenigen Tagen schien, wenn überhaupt, ein Unterschied aufzutauchen, wenn man lediglich das Gesicht von Mensch oder Gorilla präsentiert. Hier interessieren sich die Neugeborenen tendenziell eher für den Menschen. Diese Präferenz ist im Alter von dreieinhalb Monaten jedoch stärker. Hier bevorzugen die Babys systematisch die menschlichen Körper und zwar unabhängig davon, ob sie lediglich das Gesicht betrachteten oder den gesamten Körper.

Einen weiteren Hinweis für die frühe Existenz biologischer Konzepte lieferte die Forschung zur Zielgerichtetheit von Verhalten. Schon Aristoteles[132] beschrieb einen Handelnden, einen Agenten, damit, dass er aus eigenem Antrieb vorwärtskommt, im Gegensatz zu rein physikalischen Objekten. Yuyan Lou und René Baillargeon[133] gelang im Jahre 2005 der

Nachweis, dass Babys nur sich eigenständig bewegenden Objekten, also Subjekten, Zielgerichtetheit zuerkennen. Sie nutzten hierzu das sogenannte Woodward-Paradigma.[134] Hierbei wird den Babys immer wieder gezeigt, wie eine menschliche Hand nach einem Teddy greift, statt nach einem danebenliegenden Ball. Die kleinen Probanden wurden also darauf habituiert. Dann erfolgt ein Tausch der beiden Spielzeuge. Greift die Hand mechanisch an die Stelle, an der vorher der Teddy lag, jetzt aber der Ball, reagieren die Kinder mit Verwunderung. Die Überraschung bleibt bei einer mechanischen Konstruktion wie einem roboterähnlichen Greifarm aus. Babys im Alter von sechs Monaten interpretieren bereits: sich selbst bewegende Objekte – Subjekte eben – haben ein Innenleben.

Neben der Charaktereigenschaft des Eigenantriebs konnten Forscher weitere Variablen identifizieren, aufgrund derer Babys davon ausgehen, dass ein Objekt eher ein Subjekt ist. Kazunori Kamewari und seine Kollegen erforschten im Jahre 2005 in einer Reihe von Experimenten, ob es Babys im Alter von neun Monaten gelingt, auf Basis von Effizienzargumenten auf Subjektivität zu schließen. Effizienz einer zielgerichteten Handlung bedeutet, dass das Ziel auf direktem Weg erreicht wird. Irrt ein Staubsaugerroboter etwa planlos und scheinbar zufällig durch den Raum und bleibt an einem auf dem Boden liegenden Stofftier hängen, würde man nicht davon ausgehen, dass dieser das Kuscheltier zielgerichtet angesteuert hat. Es war schlicht Zufall. Führe der Staubsaugerroboter jedoch nach dem Anschalten schnurstracks auf das Stofftier zu, würde man sich schon ein wenig wundern. Es kann doch unmöglich sein, dass der Sauger ein direktes Ziel hatte. Diese Verwunderung stammt aus der Tatsache, dass biologische Subjekte und physikalische Objekte etwas von Grund auf Verschiedenes sind.

Das Experiment der Forscher war dem Beispiel des Staubsaugers ähnlich.[135] Sie ließen sechs Monate alte Babys eine Situation beobachten, in der ein Agent auf ein Ziel zusteuerte. Dieses war aber durch ein Hindernis blockiert. Während der Habituation umschiffte der Agent das Ziel in wiederholtem Maße gekonnt und steuerte danach auf direktem Weg auf das Ziel zu. Die Forscher manipulierten nun die folgende Variable: Nachdem das Hindernis verschwunden war, steuerte der Agent entweder auf direktem Weg und daher effizient auf das Ziel zu oder nahm den identischen Weg, den er vorher genutzt hatte, um das Hindernis zu umschiffen. Die Ergebnisse zeigten, dass die kleinen Versuchsteilnehmer mit Überraschung darauf reagieren, dass der Agent plötzlich nicht mehr den besten Weg zum Ziel nahm.

Übertragen wir dies auf eine Alltagssituation und nehmen an, ein Baby schaue aus dem Fenster auf den Bürgersteig, auf dem eine entleerte Mülltonne steht. Ein Passant kommt auf dem Weg zum Bäcker vorbei und wird selbstverständlich nicht in die Tonne hineinlaufen, sondern sie umrunden. Anschließend wird die Mülltonne wieder hereingeholt, und das Baby beobachtet, wie der Passant von seiner morgendlichen Tour zur Bäckerei zurückkehrt. Dort, wo die Tonne noch vor ein paar Augenblicken stand, macht der Passant plötzlich einen Schlenker und setzt dann seinen Weg fort. Genauso wundersam, wie wir dieses Verhalten finden, denken Babys im Alter von etwa sechs Monaten: *Der ist aber komisch.* Das Verhalten erscheint uns verrückt, beziehungsweise untypisch, für ein biologisches Wesen.

Gergely Csibra[136] schließlich identifizierte eine weitere Variable, aufgrund derer Babys aktiv Handelnde erkennen – Variabilität in der Zielerreichung. Seine Experimente legen nahe, dass sechs Monate alte Babys auch aus der Tatsache, dass Handelnde verschiedene (gleich effiziente) Wege zum Ziel nehmen, zielgerichtete Handlung erkennen. Schon kleine Babys haben daher einen teleologischen Blick auf die Welt: Handlungen dienen einem Zweck.[137] Dieser folgt einer irgendwie internen, nicht rein physikalischen Dimension. Das lässt sich auch auf beeindruckende Weise bei etwas älteren Kindergartenkindern nachweisen. Diese haben ein schon viel weiter ausgeprägtes Wissen um Objekte und biologische Wesen. Sie sind sich bewusst, dass ein Auto, das sich scheinbar von alleine bewegt, kein Lebewesen ist. Aber sie suchen gekonnt nach anderen, internen Gründen für die Bewegung. Das Auto muss irgendwelche Batterien, Schalter, Knöpfe oder Ähnliches haben. Sie wissen, dass die Bewegung auf irgendeine Ursache zurückzuführen sein muss – das Auto lebt nicht.

Ein elegantes Experiment zu den biologischen Erwartungen von kleinen Kindern präsentierten Peipei Setoh, Di Wu, Renée Baillargeon und Rochel Gelman im Jahre 2013.[138] Sie zeigten, dass acht Monate alte Babys konkrete Erwartungen über biologische Wesen haben, die über die Faktoren »Selbstantrieb« und »Handlungsautonomie« hinausgehen. Die Babys reagierten mit großer Überraschung, wenn ein selbstangetriebenes Objekt, das autonom zu handeln schien, hohl war oder rasselte. Verfügte es zusätzlich über ein Fell, war die Überraschung ebenso groß. Die Forscherinnen zogen daraus den Schluss, dass sehr kleine Babys schon konkrete Erwartung in Bezug auf das Innenleben von biologischen Wesen haben.

Wesenskerne

Schon sehr kleine Kinder attestieren also biologischen Lebewesen ein Innenleben. Bedeutet das, dass sie daher auch auf einen *Wesenskern* von Subjekten schließen? Was macht den Menschen zum Menschen, was macht das Tier zum Tier? Bei Objekten haben Kinder meist kein großes Problem damit, wenn das Wesen, also die charakteristische Beschaffenheit, geändert wird. Baut man etwa aus einer hölzernen Box ein Vogelhäuschen, haben Kinder im Kindergartenalter kein Problem damit, sie als solches zu bezeichnen, sobald diese von einem Vogel bewohnt wird. So sind beispielsweise Kinderkategorien kein Versuch, Wahrnehmungsgemeinschaften zu erfassen, sondern die Erwartung, dass solche Oberflächengemeinschaften ein Spiegelbild einer tieferen Basis sind.[139] Aber was wäre wohl, wenn man ein Tier derart manipulieren würde, dass diesem sein Wesenskern – seine Essenz – geraubt würde? Experimente zeigen, dass Kinder, wenn man einem Tiger eine Löwenmähne aufzieht, das Tier nach wie vor für einen Tiger halten. Auch wenn ein Hund derart manipuliert wird, dass er wie ein Spielzeug wirkt, halten dreijährige Kinder das Wesen nach wie vor für einen Hund.[140]

Es ist oft hilfreich, aufgrund einer prägenden Wesenseigenschaft zu kategorisieren. Der Entwicklungsforscher Paul Bloom hält dieses Konzept daher für eine universelle, adaptive Neigung des Menschen. Er zeigt dies an einem einfachen Beispiel. Es ist sinnvoll, eine Tomate als Tomate zu bezeichnen, statt eine breitere Kategorie zu wählen, wie *Dinge, die rot sind,* oder *Dinge, die kein Fernseher sind.* Rot ist eben auch ein Apfel, der Wesenskern zwischen Apfel und Tomate ist jedoch ungleich. Es macht eben einen Unterschied, ob man Pommes mit Ketchup oder Apfelmus isst. Ebenso ergibt es sehr viel Sinn, nach tieferen Ursachen zu suchen. Die forschende Frage, was denn die genaue Essenz von etwas sei, hilft uns dabei, Dinge besser zu verstehen, nicht nur in Bezug auf den Nutzen von Alltagsgegenständen, sondern auch in Bezug auf die Erforschung der Ursachen verschiedener Krankheiten.[141]

So kam eines Morgens mein älterer Sohn, er war damals 18 Monate alt, dazu, als ich mir gerade die Bilder der amerikanischen Fotokünstlerin Sarah Deٴememer anschaute, die bekannt dafür ist, dass sie durch Bearbeitung von Fotos zwei oder mehrere Tiere miteinander verschmilzt. Beispielsweise integriert sie den Kopf eines Murmeltiers gekonnt in den Körper einer Eule. Als mein Sohn die Bilder der Künstlerin sah, ließ er vor Schreck sein Butterbrot fallen, stürmte auf die Bilder zu und zeigte mir deutlich seine Verwunderung ob der unvertrauten, jedoch irgendwie bekannt aussehenden Geschöpfe. Ihm fiel es sichtbar schwer, die Kreaturen als eigenständiges Tier zu akzeptieren.

Das wesentliche Problem des Essentialismus, der auch schon bei Babys nachzuweisen ist, ist die Tatsache, dass dieser oft wissenschaftlich nicht haltbar ist. Häufig sind die Kategorien, die wir wählen, nur Linien im Sand. Hinweise hierzu gibt uns vor allem die Soziologie, die zeigt, dass viele unserer Arten, Kategorien zu bilden, lediglich auf unsere kulturelle Praxis zurückgehen. Das klassische Beispiel ist der Rassismus. Zahlreiche Menschen kategorisieren ihre Mitbürger auf Basis oberflächlicher Eigenschaften wie der Hautfarbe. Tiefergehende

Analysen legen doch nahe, dass die Dinge nicht so schwarzweiß sind, wie viele gerne glauben würden.[142]

Sogar mit dem Vergleich der menschlichen Spezies zu unserem nächsten lebenden Verwandten, dem Schimpansen, lässt sich ein interessantes Gedankenexperiment machen. Vermutlich jeder würde die These unterstützen, dass zwei Schwestern die gleiche Kategorie haben, nämlich »Mensch«. Dies gilt auch für Schwester und Mutter, Mutter und Großmutter, Mutter und deren Schwester und so weiter. Gehen wir nun zurück bis zu den beiden Schwestern, die als Mütter aller heutigen Menschen und aller heutigen Schimpansen gelten, zerfällt das Prinzip des Essentialismus wie ein Kartenhaus. Dies zeigt uns, wie komplex das Leben und die Evolution verschiedener Arten sind. Selbst eine klare Kategorie wie die einer Spezies kann uns in logische Schwierigkeiten bringen. Die Natur kennt keine echte Kategorisierung, beziehungsweise nur eine Kategorie. Der Wissenschaftsautor Stefan Klein interviewte im Jahre 2008 den Hofastronomen der britischen Königin, Martin Rees, und entlockte ihm dieses Statement: »Wir sind alle nur Sternenstaub, beziehungsweise, wenn sie weniger romantisch veranlagt sind, stellarer Atommüll«.[143] Wenn man es genau nimmt, gibt es also nur eine Kategorie. Für den Alltag hilfreich ist eine derartige Analyse jedoch nicht.

Teil 5
Kindheit als Forschungszeit

Unsere Forschungsreise durch die verschiedenen Disziplinen der Wissenschaft zeigt, wie ähnlich Babys dem Wissenschaftler sind. In ihrer Art, Wissen zu sammeln und dieses für Vorhersagen zu verwenden, gesellen sie sich zu den Forschern dieser Welt. Sie greifen auf komplexe Statistiken zurück, machen gezielt Experimente, und ihre kleinen Gehirne speichern alle Beobachtungen minutiös ab wie ein Labortagebuch. Die gesamte Kindheit ist so etwas wie die Forschungszeit des Lebens. Wie sollten wir als Eltern sie daher interpretieren? Was ist Kindheit überhaupt und warum gibt es sie? Im letzten Teil des Buches versuchen wir, die gesammelten Erkenntnisse zu bündeln und zu verarbeiten. Auch wenn das Buch gedacht ist als Sammlung von zunächst unpraktischem Wissen: Welche Rückschlüsse können wir aus der Erkenntnis ziehen, dass unsere Babys und kleinen Kinder dem Wissenschaftler ähnlich sind? Was ist unsere Aufgabe als Eltern?

Wie ist es, ein Baby zu sein?

Es ist vielleicht die größte Tragik des menschlichen Elterndaseins. Wir alle waren einmal ein Baby, aber niemand kann sich mehr daran erinnern. Was würden Eltern wohl geben, um nur einen Tag in die Haut ihrer Babys schlüpfen zu können, ganz zu schweigen von den vielen Entwicklungspsychologen, die mühevoll herausfinden wollen, wie und was Babys denken.[144] Für einen Tag in den Kopf eines Babys zu blicken, würde wohl mehr Erkenntnisse bringen, als eine Dekade mühevoller Forschungsarbeit.

Trotz dieser Unmöglichkeit haben Forscherinnen und Forscher in der Welt sehr viel Wissen darüber zusammengetragen, wie es sich wohl anfühlt, ein Baby zu sein, und was in deren Kopf vor sich geht. Eine zentrale Erkenntnis betrifft das Bewusstsein. Wissenschaftler gehen heute davon aus, dass die kleinen Wesen sehr viel seltener etwas Unbewusstes tun und einen viel stärkeren Bewusstseinsstrom haben als Erwachsene. Mit jahre- bis jahrzehntelanger Routine machen sich manche Erwachsene etwa morgens an das Frühstück. Sie schmieren ihr Brot mit der immer gleichen Marmeladensorte, kochen ihren Kaffee immer mit den exakt gleichen Mengen an Wasser und Kaffeepulver und hören immer die Sieben-Uhr-Nachrichten auf dem immer gleichen Radiosender. Die Handlungen werden beinahe blind ausgeführt, ohne dass man darüber nachdenken muss. Der Grund dafür sind hochautomatisierte Routinen, die uns kaum kognitive Anstrengung abnötigen. Wir arbeiten quasi im Autopilotenmodus, und das Gehirn kann sich ausruhen. Bei Babys ist das vermutlich nicht so. Da ein Baby sehr viel weniger Zeit hatte, derlei Routinen zu entwickeln und naturgemäß täglich sehr viel mehr Neues erlebt als ein Erwachsener mit seinem reichhaltigen Erfahrungsschatz, muss es deutlich mehr bewusste Aufmerksamkeit aufwenden. Der Entwicklungspsychologin Alison Gopnik zu Folge kann man den Alltag eines Babys mit dem Tag eines Erwachsenen vergleichen, der zum ersten Mal in ein sehr fremdes, exotisches Land reist. Auf einmal stoßen allerlei Dinge in unsere Aufmerksamkeit, denen wir sonst keinerlei Beachtung schenken. Wie riecht es hier? Wie schmeckt das Essen? Wie finde ich den Weg zu U-Bahn? Wie genau steigen alle anderen Leute ein, stehen sie in einer Schlange oder in einem Pulk? Wer setzt sich hin, wer bleibt stehen? Wie findet man schnell heraus, an welcher Station man wieder aussteigen muss? Wir versuchen rapide zu lernen und zu imitieren, um durch diese neue Welt zu kommen. Es dauert manchmal ein bisschen, bis wir uns in einer neuen Umgebung zurechtfinden. Aber viel mehr Dinge als zu Hause lassen uns verwundert zurück und brauchen daher ein deutlich breiteres Bewusstsein.

Wenn man sich diesen Vergleich vor Augen führt, ist es also nicht verwunderlich, dass Babys und Kleinkinder vor Erschöpfung überall einschlafen können. Auch für uns Erwachsene kann ein Tag in komplett neuer Umgebung sehr ermüdend sein. Ein gesamtes Leben auf Abenteuerreise wäre unglaublich anstrengend.

Ein weiterer Unterschied zwischen Babys und Erwachsenen scheint in der Art und Weise zu liegen, wie wir unsere Aufmerksamkeit lenken können. Bei uns Erwachsenen gleicht sie oft einem Laserstrahl, wenn wir uns auf eine Sache fokussieren. Die Aufmerksamkeit der Babys ist wohl eher wie ein Flutlicht zu begreifen. Sie nehmen sehr viel mehr von der Umwelt war und leben vermutlich so wie Erwachsene, die ihr Bewusstsein durch Meditation oder gar Drogen erweitern. Beim Spaziergang mit einem Kleinkind merkt man das regelmäßig. Man kommt selten weit, bevor das Kind das nächste spannende Element der Natur genauer untersucht – eine Ameise, die auf ein Blatt klettert, einen Tropfen Wasser, der am Zaun hängt, oder viele andere kleine Details, die für uns Erwachsene unsichtbar zu sein scheinen beziehungsweise außerhalb unseres Bewusstseins liegen.

Ein klassisches Experiment, das jeder Studierende der Psychologie im ersten Semester gezeigt bekommt, ist das des unsichtbaren Gorillas.[145] Versuchspersonen werden gebeten, in einem Basketballspiel die Anzahl der Pässe zu zählen. Den meisten gelingt dies erstaunlich gut. Auf die Frage, ob den Versuchspersonen irgendetwas Ungewöhnliches aufgefallen ist, antworten viele Erstsemester mit »Nein«. Das ist erstaunlich, denn durch die Mitte des Bildes läuft ein als Gorilla verkleideter Mensch. Beim nochmaligen Ansehen reagieren die Personen, denen nichts auffiel, sehr überrascht. Wie konnte es passieren, dass sie diesen Gorilla übersahen? Das liegt daran, dass wir unsere Aufmerksamkeit gezielt richten können. Im Falle des Gorillaexperiments ist dies die genaue Passanzahl des Basketballspiels. Diese Art der Aufmerksamkeit erlernen wir erst im Kindergartenalter. Babys würden viel eher den Ball aus dem Auge verlieren, als etwas Spannendes zu verpassen.[146]

Die Tatsache, dass die Kindheit etwas fundamental anderes ist als das Erwachsenenalter, hinterfragen wir gar nicht mehr. Aber was genau macht die Kindheit eigentlich aus? Schon in der Romantik des 19. Jahrhunderts wurde dieser Lebensabschnitt als besonders bewertet. Die Romantiker zelebrierten ihn förmlich.[147] Doch was ist das Besondere an der Kindheit der Menschen? Zunächst einmal: Sie dauert sehr lange.

Die Spezies, die nicht erwachsen werden wollte

Am 27. Dezember 1904 stellte sich ein ganz besonderer Junge erstmals der Öffentlichkeit vor – Peter Pan. Es war sein erster Auftritt bei der Uraufführung des von J.M. Barrie erdachten Theaterstücks im Duke-of-York's-Theater in London. Die Geschichte begleitet die Abenteuer des Jungen Peter und seinen Freunden Wendy, John und Michael Darling. Im Gegensatz zu allen anderen Kindern wird Peter nicht älter – er bleibt auf ewig ein Kind mit Milchzähnen und ist trotzdem der gefürchtete Gegenspieler des Piratenkapitäns Hook in Nimmerland. Bis heute fasziniert Peter Pan Kinder und Erwachsene gleichermaßen. Peter ist der einzige Mensch, der ohne Feenstaub fliegen kann und ist in jeder Sicht besonders im Vergleich zu allen anderen Kindern im Theaterstück. Er will schlichtweg nicht erwachsen werden.

Bezogen auf die Gesamtheit aller Tierarten sind wir Menschen Peter Pan, denn wir sind eine Spezies, die scheinbar nicht erwachsen werden will. Der Vergleich zu unseren nächsten lebenden Verwandten, den Schimpansen, zeigt dies eindrucksvoll. So bringt der Schimpanse den ersten eigenen Nachwuchs im Alter von 13 Jahren zur Welt, während es beim Menschen deutlich später der Fall ist. In westlichen, entwickelten Ländern wie Deutschland liegt das durchschnittliche Alter erstmaliger Eltern sogar bei etwa 30 Jahren.

Die Länge der Kindheit verschiedener Arten kann zum Beispiel anhand der konsumierten und der erwirtschafteten Nahrung gemessen werden. Beim Vergleich zwischen verschiedenen Spezies zeigt sich dabei, dass der Mensch sehr lange (sehr viel) weniger Nahrung erwirtschaftet als er selbst konsumiert. Heutige Eltern unterstützen ihre Kinder manchmal finanziell bis jenseits der 30, und man kann mit Sicherheit sagen, dass dies buchstäblich eigenartig ist – das macht keine andere Art so.

Die entscheidende Frage ist: Welche Funktion hat unsere lange Kindheit? Ist es ein evolutionärer Vorteil, der es uns Menschen erlaubt hat, bis heute zu leben? Die Kindheit ist vor allem eines, kostenintensiv und riskant. Eltern investieren viel Schweiß und Tränen in die Aufzucht des Nachwuchses. Kleine Kinder kann man praktisch keinen Augenblick aus den Augen lassen, um deren Sicherheit zu gewährleisten. Wieso hat die Evolution dafür gesorgt, dass wir Menschen so lange warten müssen, bis unsere Kinder »flügge« sind?

Einige Evolutionsforscher argumentieren, dass die lange Kindheit eine Mitursache für unsere enormen kognitiven Fähigkeiten ist. Diese Erkenntnis beruht vor allem auf dem Vergleich von ähnlichen Spezies, die sich in ihrer Kindheitsdauer unterscheiden, sonst aber gewisse Parallelen aufweisen. Wenn man zum Beispiel »ähnliche« Spezies in der Vogelwelt miteinander vergleicht, etwa das gewöhnliche Haushuhn mit der kaledonischen Krähe, zeigen sich die Unterschiede in der Dauer der Entwicklung und der daraus resultierenden kognitiven Fähigkeit eindrucksvoll. Das gewöhnliche Haushuhn hat sehr viel angeborenes Wissen – das war es dann aber auch. Im Laufe des Lebens lernt ein Huhn nicht mehr viel dazu. Die Kindheit eines Kükens ist daher auch sehr kurz. Die kaledonische Krähe, aber auch andere Krähenarten und

Raben, haben eine im Vogelreich eher lange Kindheit. Außer der langen Kindheit fällt auf, dass gerade diese Vögel als die »schlauesten« gelten.[148] In der Tat sind Krähen zu beeindruckenden kognitiven Leistungen in der Lage. So erlernen sie etwa sehr flexibel, Werkzeuge zu nutzen, um an Futter zu gelangen. Sie sind außerdem in der Lage, sich schnell an ein neues Umfeld anzupassen. Ein Haushuhn würde das nicht schaffen.[149] Weiter interessieren sich Forscher auch für die sogenannte relative Gehirnmasse. Hierzu ist von Bedeutung, wie schwer das Gehirn im Vergleich zum Gesamtgewicht des Körpers ist. Der generelle Trend scheint hierbei zu sein: Je mehr relative Gehirnmasse, desto größer die Lernleistung der Spezies und desto länger die Kindheit.

Evolutionär befindet sich der Mensch also eher in einer Nische. Unsere lange Kindheit ermöglicht uns auf der einen Seite eine enorme Entwicklung der kognitiven Leistungsfähigkeit, ist auf der anderen Seite aber mit extremen Kosten und Mühen verbunden. Eltern kleiner Kinder spüren das jeden Tag und häufg auch nachts: chronisch zu wenig Schlaf, viele »Fütterungszeiten«, viele Risiken, vor denen man den Nachwuchs bewahren muss, da vieles, was für den Erwachsenen harmlos ist, eine Gefahr für Kinder darstellt.

Eltern älterer Kinder kennen die Mühen auch: bis in den Nachmittag hinein schlafende Teenager, generelle Null-Bock-Attitüde, Diskussionen über jede Kleinigkeit. Es scheint nie aufzuhören. Mitunter sehen sich sogar Eltern junger Studierender gezwungen, persönlich bei den Professoren vorzusprechen, um ihre Kinder optimal zu unterstützen und die Dozenten zu bitten, vielleicht doch noch einmal einen wohlgesonnten Blick in die Hausarbeit des Sprösslings zu werfen.

Für unsere Spezies ist es schlicht unvorstellbar, dass diese Zeit des elterlichen Investierens lediglich ein Jahr dauern könnte. Bei vielen Vögeln wird der Nachwuchs bereits im Herbst flügge, obwohl dieser erst im Frühjahr des gleichen Jahres zur Welt kam. Man stelle sich einmal vor, dass zum Ende der staatlich finanzierten Elternzeit die Kinder »tschüss« sagen und auf eigenen Beinen stehen würden! Sicher ist: Wenn dies der Fall wäre, hätte es der Mensch nicht per Rakete auf den Mond geschafft.

Aber welche Funktion hat die längere Kindheit? Anthropologen und Entwicklungspsychologen sind der Meinung, dass sie es den Menschen ermöglicht, viel stärkere Innovationsleistung zu zeigen als alle anderen Spezies. Denn diese vergleichsmäßig lange Zeit ermöglicht ein sehr viel intensiveres Lernen und kann daher als Mitursache für die enormen kognitiven Leistungen des Menschen angesehen werden. Ähnlich wie Peter Pan haben wir Menschen also ganz besondere Fähigkeiten. Wir können zwar nicht fliegen, aber wir sind in der Lage, Maschinen zu bauen, die die Gesetze der Schwerkraft für uns aushebeln. Wir können uns zwar nicht durch reine Vorstellungskraft einen vollen Esstisch zaubern, aber sind in der Lage, virtuelle Realitäten zu schaffen, in denen es wie im Schlaraffenland aussieht. Wir schaffen es, Obst und Gemüse so zu kultivieren, dass wir rund ums Jahr genießen können.

Die Entwicklungspsychologin Alison Gopnik sieht die Kindheit als eine Art ideale Forschungs- und Entwicklungsabteilung der Menschheit an. In Industrieunternehmen ist man bestenfalls mit der Arbeit der F&E-Abteilung nicht so streng wie mit anderen, etwa dem Controlling oder der Rechtsabteilung. Man lässt die Leute mal ins Blaue hinein forschen und gibt ihnen (im Idealfall) die Zeit, wirklich Innovatives zu entdecken, ganz ohne Budgetdruck. Die Kindheit des Menschen ist so etwas Ähnliches, man hat die Freiheit, sich auszuprobieren. Diese Freiheit wird vom menschlichen Nachwuchs genutzt, um die Intelligenz zu entwickeln, die man für das Leben als erwachsener Mensch braucht.

Außerdem betreiben wir Arbeitsteilung: Wir haben als Kinder genug Zeit zum Tüfteln und Entdecken und sorgen für unseren eigenen Nachwuchs, wenn wir erwachsen sind.[150] Erst wird geforscht, dann wird bei der Forschung assistiert. Genau dies ist die Rolle der Eltern. Sie ermöglichen die Forschung ihrer Kinder.

Und diese Kindheit ist geprägt durch eines: Rapides Lernen und ständiges Entdecken. Nie wieder ist das Gehirn so plastisch, also formbar, wie in den ersten Jahren des Lebens. Dadurch kann es sich ständig auf neuen Input einlassen. Diese extreme Anpassungsfähigkeit ist vielleicht die uns Menschen definierende Eigenschaft. Evolutionsbiologische und geologische Studien zeigen, dass das erstmalige Auftreten von *Homo sapiens* mit enormer Variabilität im Klima einherging. Der beliebte Spruch, wonach das einzig Konstante der Wandel ist, ist sehr wahr für die Rahmenbedingungen unserer Evolution. Alison Gopnik formuliert es in etwa so: Es ist weitgehend klar, dass der Mensch den Klimawandel gemacht hat, aber sicher ist: Der Klimawandel hat den Menschen gemacht.[151]

Die Variabilität der Umwelt sorgte dafür, dass der Mensch sich evolutionär zu dem entwickelte, was er ist. Spontan auftretende Mutationen treffen auf eine immer andere Umwelt. Hierdurch entscheidet sich, welche Mutationen für die Weiterreise des Lebens selektiert werden.

Nach der »Out-of-Africa«-Hypothese liegt die Wiege des Menschen in Ostafrika. Vor ein paar Zehntausend Jahren haben wir uns aufgemacht, die Welt zu erobern. Eine interessante Frage ist: Warum sind manche Spezies eigentlich dort geblieben? Was unterschied uns damals? Was unterscheidet uns heute?

Grenzenlose Neugier und Optimismus

Die Frage nach dem, was uns von den anderen Primaten unterscheidet, ist in ihrer Essenz eine Frage nach der Natur des Menschen. Uns treibt seit jeher die Frage um, was uns eigentlich zum Vertreter unserer Spezies macht. Ich glaube, dass diese Frage universell ist. Was ist das spezifisch Menschliche? Gibt es Eigenschaften, die uns als Mensch besonders auszeichnen? Gibt es Handlungsweisen, die den Menschen zum Menschen machen? Gerade in dem Moment, in dem man Kinder bekommt, gewinnt diese Frage an Bedeutung. Letztlich haben wir ja nur eine pädagogische Aufgabe zu erfüllen: den Kindern zu zeigen oder vorzuleben, was es bedeutet, ein Mensch zu sein. Viele Entwicklungsforscher sind der Überzeugung, dass Erkenntnisse über die Lernprozesse von Babys uns enorm dabei weiterhelfen, mehr Wissen über Natur des Menschen zu gewinnen. Was definiert uns?

Stephen Hawking, einer der wenigen Physiker, der der globalen Öffentlichkeit bekannt war, widmete sein ganzes Leben den ganz großen Fragen des Universums. Durch seine Veröffentlichung *Eine kurze Geschichte der Zeit* machte er die Welt der Astrophysik allen Normalsterblichen zugänglich und galt nunmehr als Superstar der Wissenschaft. So war es ihm möglich, auf Gebiete Einfluss zu nehmen, die weit über sein Spezialgebiet der Astrophysik hinausgingen. Die paralympischen Spiele von London 2012 eröffnete er mit den folgenden Worten: »Seit den Anfängen der Zivilisation sehnen sich die Men-

schen nach einem Verständnis der zugrunde liegenden Welt-
ordnung. Warum ist das Universum wie es ist, und warum
existiert es überhaupt? Aber selbst für den Fall, dass wir eine
vollständige Theorie von allem finden, ist es nur ein Satz von
Regeln und Gleichungen. Was ist es, das den Gleichungen
Feuer einhaucht und ein Universum schafft, das diese beschreiben kann?« Er führte weiter aus: »Wir leben in einem Universum, das von rationalen Gesetzen regiert wird, die wir entdecken und verstehen können. Sieh zu den Sternen hoch und
nicht zu deinen Füßen. Versuche zu verstehen, was du siehst,
und frage dich, was das Universum ausmacht. Sei neugierig.«
Stephen Hawkings Arbeit zu Beginn seiner Forschungskarriere widmete sich unter anderem der *No Boundary*-Theorie.
Mit eleganten mathematischen Formeln gelang ihm der Beweis, dass das Universum grenzenlos ist und sich permanent
ausdehnt. Er übertrug dies auf die Natur des Menschen und
sah dies als Naturgesetz der Neugier. »Was kann besonderer
sein, als die Tatsache, dass es keine Grenzen gibt? Und es sollte
keine Grenzen für menschliches Bestreben geben.«

So ist, wenn man Hawkings Worte liest, die Natur des Menschen vielleicht ein einziger Impuls: Grenzenlose Neugier und
der Optimismus, etwas zu entdecken – diese zwei Dinge scheinen uns in die Wiege gelegt. Wir wollen die Welt verstehen
und die Naturgesetze erklären. Wir verlassen uns dabei auf
tief verwurzelte Mechanismen. Ab Geburt experimentieren
wir, um die physikalischen und sozialen Gesetze der Welt zu
verstehen. Wir bauen Raumschiffe, die die Schwerkraft über-
winden und uns die Reise ins All ermöglichen. Wir erfinden
Maschinen wie den Large Hadron Collider, welche das Universum zum Zeitpunkt des Urknalls modellieren und uns Einblicke in die ersten Sekunden unseres Universums erlauben.

In Hawkings Ideen steckt vielleicht eine Theorie der menschlichen Natur. Seine Rede zeigt, dass zwei Dinge wichtig sind: Neugier und Optimismus. Wir programmieren mittlerweile Maschinen, die uns im Schach und im Go besiegen, wir lassen uns von selbstfahrenden Autos an unsere Zielorte bringen. Roboter werden immer intelligenter und nehmen uns immer mehr Tätigkeiten ab. Manche Menschen finden das spektakulär, andere eher bedrohlich. Was in uns steckt und was wir in jede Maschine einprogrammieren müssen, ist das Streben nach etwas – eine intrinsische Motivation. Ich glaube, das Streben des Menschen ist vor allem darauf gerichtet, mehr zu wissen. Alle Babys sind neugierig, sie schauen sich um und wollen die Welt begreifen lernen. Sie sind (manchmal zu) optimistisch und vertrauen darauf, dass alles schon gut gehen wird. Das Wissen, wie sich die heiße Herdplatte wohl anfühlt, ist mehr wert als der potenzielle Schaden. Sobald sie reden können, fragen uns Kinder Löcher in den Bauch. Ihre Neugier ist grenzenlos und kann sogar nervtötend sein. Neugier und Optimismus könnte das Motiv sein, das uns als Spezies auszeichnet. Wir machten uns einst auf aus Afrika, um die Welt zu entdecken. Die ganze Welt schaute im Jahre 1969 zu, wie der Mensch erstmals den Mond betrat. Wir stecken heute Milliarden in die nächste große Reise, eine bemannte Marsmission. Vielleicht wird schon eines unserer Kinder oder Enkel dasjenige sein, das uns auf die Erde funkt: *Just one small step for me, but yet another leap for mankind,* wenn es den roten Planeten betritt und wir mit Neugier die Grenzen des menschlichen Bestrebens noch weiter verschieben.

Imitation und Innovation

Der Forschungsdrang der Babys wird nicht nur mit Hilfe wissenschaftlicher Praktiken befriedigt, sondern im Wesentlichen auch durch unsere ausgesprochene Fähigkeit, sozial zu lernen. Andrew Meltzoffs Forschung zeigt eindrucksvoll, dass Babys unmittelbar nach der Geburt die Strategie der Imitation anwenden. Die Experimente, die zeigten, dass Kinder kausal unter Berücksichtigung der intrinsischen Limitationen lernen, beweisen, dass Kinder auch wissen, wann Imitation nicht der beste Weg zum Ziel ist. Das Licht wird nicht mit dem Kopf angeschaltet, wenn die Kinder einen Grund zur Annahme haben, dass die verbundenen Hände die Ursache dieses komischen Verhaltens sind.[152] Dies ist ebenso wie die Imitation selbst eine essenzielle Fähigkeit: zu erkennen, wo die Grenzen der Imitation liegen.

Aus der Innovationsfähigkeit der Menschen folgt nahezu logisch, dass wir nicht nur aus Imitation lernen. Wir imitieren und verbessern. Innovation wäre unmöglich, wenn wir nur kopieren würden. Immer wieder stellen einzelne Menschen sich gegen alles, was die anderen Menschen zu wissen glauben. Nikolaus Kopernikus oder Galileo Galilei halfen der Menschheit zu neuer Erkenntnis, gerade weil sie im entscheidenden Moment nicht sozial lernten, sondern die Grenze des Wissens für die gesamte Menschheit verschoben. Ebenso der deutsche Geologe und Polarforscher Alfred Wegener. Er lieferte den Beweis seiner Theorie der Kontinentalverschiebung.

Heute wissen wir, dass sich die verschiedenen Erdplatten ständig in Bewegung befinden und sich teilweise voneinander entfernen. In Þingvellir in Island kann man sich beispielsweise selbst davon überzeugen. Dort driften die eurasische Platte und die nordamerikanische Platte jährlich etwa zwei Zentimeter auseinander. Die Tatsache, dass Island nicht entzweibricht, liegt an dem aktiven Vulkanismus, der stets neue Gesteinsmassen aus der Erde befördert, um die entstandenen Lücken zu füllen. Hierdurch wird das nordische Land jährlich etwas größer.

Wegeners entscheidende Erkenntnis war, dass die Kontinente scheinbar perfekt ineinanderpassen. Das lässt sich heute kinderleicht in jedem Atlas nachvollziehen. Die Ostküste Südamerikas passt auffällig gut zu Westafrika, und Australien würde scheinbar perfekt an die östliche Seite des südlichen Afrikas passen. Den Beweis lieferten schließlich ähnliche Gesteinsformationen in Indien und Ostafrika sowie ähnliche Gebirgszüge in Argentinien und Südafrika.

Zu Alfred Wegeners Zeiten gab man ihm jedoch keine wissenschaftlichen Preise, sondern machte sich über ihn lustig. Man warf ihm Gedankenspielerei, Fantasterei oder gar Fieberfantasien eines Schwerkranken vor. Wohlmeinendere Kritiker wie Pierre-Marie Termier sagten zu Wegeners Theorie. »Seine Theorie ist ein wundervoller Traum der Schönheit und Anmut, der Traum eines großen Poeten«[153], und meinten damit vermutlich das Gegenteil von Wissenschaft. Besonders harsche Kritik erhielt er aus seinem Heimatland Deutschland. Hätte es den Begriff damals schon gegeben, hätte man Wegener vermutlich die Verbreitung von *Fake News* vorgeworfen. Ein entsprechendes Verbotsgesetz hätte ihm wohl untersagt, seine Verschiebungstheorie zu verbreiten.

Wegeners Antwort auf die Kritik beschreibt genau das Dilemma zwischen Imitation und Innovation, er sagte: »Die Leute, die so recht darauf pochen, auf dem Boden der Tatsachen zu stehen und mit Hypothesen durchaus nichts zu tun haben, sitzen doch allemal selbst mit einer falschen Hypothese drin. Hätten sie die Verschiebungstheorie schon auf der Schule gelernt, so würden sie sie mit demselben Unverstand in allen, auch den unrichtigen Einzelheiten, ihr ganzes Leben hindurch vertreten, wie jetzt das Absinken von Kontinenten.«[154]

Wegeners Replik auf seine Kritiker pikst genau in das Dilemma, das auch kleine Babys haben werden, wenn sie aufwachsen und das Wissen der Menschen weiterbringen. Es kommt der Tag, an dem sie sich gegen das existierende Wissen stellen müssen und eine Revolution anzuzetteln haben. Nur durch Imitation geht es nicht vorwärts. Für Wissenschaftler gilt das genauso wie für Kinder.

Das Wissenschaftsdilemma – die Tragik der Elternschaft

Das in der Wissenschaft vorherrschende Ausbildungssystem ist nach wie vor sehr durch das Mittelalter geprägt. Häufig hat man einen Doktorvater oder eine Doktormutter, bei dem oder der man lernt, wissenschaftlich zu arbeiten. Man ist ein Kind im Geiste, und häufig stapft man in die Fußstapfen seines akademischen Mentors. Selbst bei Graduiertenschulen, die das System der »Doktoreltern« abschwächen, ist es häufig so, dass sie sich ganz gezielt einzelne Forscher aussuchen, zu denen sie ein sehr enges Verhältnis pflegen, oft auch weit über die Promotionszeit hinaus.

Es liegt in der Natur der Wissenschaft, ständig nach neuen Entdeckungen zu streben. Es wird somit über kurz oder lang der Zeitpunkt kommen, an dem die Doktorkinder ihre Doktoreltern wissenschaftlich überholen müssen. Die alten Theorien müssen verworfen werden und es muss Platz geschaffen werden für neue Ideen und Innovationen. Eine Emanzipation von der eigenen wissenschaftlichen Ausbildungsstätte ist zwingend, damit die Wissenschaft als Ganzes Fortschritte macht.

Eine ganz große Tragik der Elternschaft ist es, dass das Verhältnis zu den eigenen Kindern letztlich die gleiche Wendung nimmt. In extremer Abhängigkeit erforschen die Kinder die Welt, durch die Eltern von Problemen abgeschirmt. Sie lernen von ihnen und müssen sich nicht um ein Dach über dem Kopf und Verpflegung sorgen. Sie konzentrieren sich gänzlich auf die

Forschung in der Form des Spiels. Je kleiner die Kinder sind, desto abhängiger sind sie von den Eltern. Daraus folgt irgendwann das krasse Gegenteil. Spätestens in der Pubertät wollen sie nichts mehr mit den Eltern zu tun haben und demonstrieren offen ihre Autonomie.[155] Mögen Kleinkinder traurig und regelrecht verzweifelt sein, wenn die Eltern einen Abend zu zweit ausgehen wollen, ist die gleiche Reaktion von Teenagern zu erwarten, wenn die Eltern an einem Samstagabend überraschend zu Hause bleiben und die geplante Party ausfallen muss.

Ein Kind großzuziehen bedeutet daher auch immer, den Staffelstab der Menschheit an die nächste Generation weiterzugeben. Unsere Babys sind genetisch geprägt durch alle unsere Vorfahren. Sie bauen darüber hinaus auf dem gesamten kulturellen Erbe der Menschheit auf. Was die Erwachsenen eint, ist die Furcht, dass unsere Kinder dieses Erbe zerstören werden. Schon seit jeher denken die Menschen, dass die derzeitige Jugendgeneration das Schiff zum Sinken bringen wird. Die Aussage »Die Kinder von heute sind Tyrannen« ist nicht neu, sie stammt von Sokrates, der sich beklagte, dass die Kinder nicht mehr vernünftig bei Tisch sitzen können.[156] Heute beschweren sich die Industriellen über mangelnde Disziplin, Fachkenntnisse und Motivation der Auszubildenden. Und mein eigenes Studium war natürlich sehr viel anspruchsvoller als das, was meine Studierenden als zumutbar empfinden. Diese Kontinuität der Jugendkritik sollte uns beruhigen: Es wird schon alles seinen richtigen Weg gehen. Denn die nächste Generation muss alles lernen, was auch wir beherrschen, und dann noch eine Schippe drauflegen. Zur Imitation kommt die Innovation. Die Grundlagen dafür werden bereits im Babyalter gelegt, ohne dass wir groß einzugreifen brauchen. Die Babys müssen nur in Ruhe forschen können.

Forschende Kinder und kindliche Forscher

Der Mensch ist in der Lage, auch über Zeit und Raum hinweg zu kommunizieren. Das erlaubt uns, uns gewissermaßen über die Regeln der Physik hinwegzusetzen. Gedanken können ortsunabhängig aufgeschrieben und weitergeführt werden. Wann und wo auch immer diese Zeilen gelesen werden, ist mir unbekannt. Ich weiß aber, wann und wo sie geschrieben wurden. Heute ist der 6. Juni 2018, der Tag, an dem die Menschheit die *Horizons*-Expedition ins All startet. Der Astronaut Alexander Gerst wird als erster Deutscher der Kommandant der International Space Station, sozusagen unserem Außenposten im All. Derzeit – von den Mondmissionen abgesehen – gibt es kein weiter entferntes Reiseziel. Alexander Gerst ist nicht nur Astronaut, er ist ebenso ein Repräsentant der Wissenschaft. Wie kaum ein anderer Forscher ist er bereit, über seine Arbeit zu sprechen und sie allen Interessierten zu erklären. Auch deshalb ist er so beliebt in der Bevölkerung. Als Doktorand der Geologie hätte er es vermutlich nicht für möglich gehalten, dass ihm einmal mehr als eine Million Menschen in den sozialen Netzwerken folgen, um mehr über seine Arbeit zu erfahren. Aufgrund der Tatsache, dass der Flug ins All ansteht, ist es keine Überraschung, dass es überall in Fernsehen, Zeitungen und anderen Medien Berichte über die Mission gibt.

Meine eigene Sympathie für Alexander Gerst rührt vor allem von seiner absoluten und endlosen, nahezu kindlichen

Begeisterung für die Forschung und die Wissenschaft her. 80 Prozent der Zeit auf der ISS wird er damit verbringen, Forschungsarbeit zu leisten. Unzählige Wissenschaftler bewerben sich darum, ein Experiment in der Schwerelosigkeit durchführen zu lassen. Nur wenige werden zugelassen und können vom Team der ISS neue Daten erwarten. Für diese Forscher geht ein Traum in Erfüllung.

Vielfach wird die bemannte Raumfahrt kritisiert. Sie sei zu teuer, zu gefährlich, die Erkenntnisse könnten ebenso durch unbemannte Missionen gewonnen werden. Ich teile diese Kritik nicht. Die International Space Station ist nicht nur das Aushängeschild der Menschheit im All, sie ist vielmehr das Aushängeschild der *Menschlichkeit*. *Wir* haben die Erde verlassen, *unsere* Neugier, *unser* Optimismus und *unser* tiefes Bedürfnis nach neuem Wissen treibt uns immer wieder zu neuen Horizonten. Was einst mit dem Weg aus Afrika startete, mündete am heutigen Tag mit der Reise zur ISS. Aber auch dies ist nur ein Zwischenschritt. Eine bemannte Reise zum Mars wird eines Tages möglich sein. Unsere Vorboten haben wir schon hingeschickt.

Wir lassen uns nicht aufhalten von physikalischen Grenzen wie der Schwerkraft. Ebenso wenig halten uns psychologische Grenzen in unseren Köpfen auf. Heute starten eine Amerikanerin, ein Russe und ein Europäer mit deutschem Akzent, wie Alexander Gerst sich selbst bezeichnet, gemeinsam ins All, unbeeindruckt vom politischen Diskurs zwischen diesen Nationen. Eine zentrale Fähigkeit der Menschheit ist es, über lange Zeit mit Fremden kooperativ zu interagieren. Ohne diese Fähigkeit würden unsere Astronauten die Reise nicht überleben. Erkenntnisdrang und Kooperationsfähigkeit sind es, wofür die International Space Station steht. Drei Menschen fliegen in den Weltraum, aber hierfür braucht es Tausende andere, die über Jahre hinweg dafür arbeiten, und Abermillionen weitere, die durch ihre tägliche Arbeit und Steuerzahlungen so eine Mission erst ermöglichen. Wenn wir einen von uns ins All schicken, ist das immer eine Mission, für die die Menschheit gemeinsam gearbeitet hat.

Da aber in der Tat nur sehr wenige Menschen Astronauten werden, drängt sich die Frage auf: Was ist entscheidend dafür, es ins All zu schaffen und dort Forschungsarbeit zu leisten? Die Eltern von Alexander Gerst berichteten in einer Reportage für das *ZDF*, dass ihm der Forschergeist in die Wiege gelegt worden sei. Er habe sich nie mit den Antworten zufriedengegeben und immer weiter gebohrt.

Hier ist der Punkt, an dem ich glaube, dass seine Eltern und er sich irren. Den Astronauten zeichnet nicht aus, dass ihm der Forschergeist in die Wiege gelegt wurde. Ihn zeichnet aus, dass er diesen bis heute bewahrt hat. Neugier und Optimismus sind die Dinge, die schon Stephen Hawking als fundamentale menschliche Eigenschaften beschrieben hat. Es braucht eine Menge von beidem, um das Risiko einer bemannten Weltraummission einzugehen und durch das anstrengende Astronautentraining zu gehen. Hier liegt die Meisterleistung von Alexander Gerst. Er hat sich diesen Forschergeist – Neugier und Optimismus – bis heute bewahren können. Und deshalb begeistert er die Menschen.

Durch die in diesem Buch beschriebenen wissenschaftlichen Studien wurde klar, dass uns allen der Forschergeist in die Wiege gelegt ist. Wir alle haben als Baby geforscht. Alle heute lebenden Babys erforschen die Welt wie Wissenschaftler. Unsere Aufgabe – ob Elternteil oder nicht – ist es, den kindlichen Forschergeist zu schützen und ins Erwachsenenalter zu retten. Wir haben keine Ahnung, wozu unsere Kinder einmal fähig sein werden. Sie werden Dinge entdecken, die für uns unvorstellbar sind. Sie werden Technologien nutzen, die wir uns nicht erträumen lassen. Hierfür benötigen sie die Fähigkeit zu forschen und zu entdecken, und es ist unsere Hauptaufgabe, ihnen dafür Raum und Zeit zu geben.

Aus den Biografien von bedeutenden Forschern und Künstlern wird klar, dass Kindsköpfigkeit die vielleicht prägende Charaktereigenschaft ist. Albert Einstein war kindlich fasziniert von der sich scheinbar von selbst bewegenden Kompassnadel, die er in jungen Jahren geschenkt bekam. Dieser kindliche *Sense of Wonder* begleitete ihn sein Leben lang. Leonardo da Vinci galt ebenso als Kindskopf. Es ist keine Überraschung, dass sich der Biograf von vielen Innovatoren, Walter Isaacson, sich besonders für Einstein und da Vinci interessierte. Er attestiert beiden eine ewig ausgeprägte Kindlichkeit in ihrer Neugier und in ihrem Bestreben, die Neugier zu befriedigen. Auf die Frage, warum sich die Kompassnadel von selbst dreht, reicht einem wahren Kindskopf die Antwort *aufgrund des Magnetfeldes der Erde* nicht aus. Will man die Mechanismen der Welt wirklich tiefgründig verstehen, ist man schon als Wissenschaftler unterwegs.

Was ist das Ziel von Erziehung?

Ganz zu Anfang dieses Buches schrieb ich, dass es kein Ratgeber, sondern ein Bericht über meine Neugier sein solle. Das Buch hatte daher sogar das explizite Ziel unpraktisch zu sein. Aber natürlich interessiere auch ich mich dafür, meinen Kindern einen möglichst guten Start ins Leben zu ermöglichen. Natürlich stelle auch ich mir sehr konkrete Fragen: Ist es schädlich, mit einem Einjährigen zusammen Fußball zu gucken? Sollte ich stolz auf die Tatsache sein, dass mein Kind schon skypen kann, oder ist dies eher ein Zeichen der elterlichen Inkompetenz? Ob zum Einsatz von Technologien, zum Nutzen von Homöopathie, dem richtigen Alter für den Start in den Kindergarten – über alle erdenklichen Themen gibt es die unterschiedlichsten Meinungen. Jedes Lager glaubt, im Besitz der einzig wahren Wahrheit zu sein. Was meiner Meinung nach fehlt, ist ein großes Ganzes. Ich selbst besuche mit meinen Kindern diverse Kurse und bin regelmäßig auf den Spielplätzen der Stadt unterwegs. Mir scheint es, als hätten alle Eltern von allen Spezialthemen eine genaue Vorstellung. Sollte es dieser oder jener Kinderwagen sein? Sollte man die Kinder streiten lassen oder sofort eingreifen? Selbst zu profanen Fragen wie der Wahl zwischen Stoff- oder Papiertaschentücher haben viele Eltern eine präzise Meinung. Wenn man sie jedoch fragt, was das Leitbild ihrer Erziehung ist, fällt es vielen sehr schwer, diese Frage zu beantworten. Meiner Recherchen zu den Fähigkeiten der Babys sowie die

Bedeutung dieser Forschung in Bezug auf das Menschenbild, das unserem Handeln unterliegt, ließen mich viel über diese Frage nachdenken.

In Deutschland betrug das Durchschnittsalter einer Mutter bei Geburt eines Kindes im Jahr 2015 31 Jahre, ein langfristig steigender Trend. Mütter, die ihr erstes Kind gebaren, waren in diesem Jahr im Schnitt 29,6 Jahre alt. Davor lagen vermutlich lange Jahre der Ausbildung oder des Studiums und die Etablierung einer beruflichen Karriere. Schule und Ausbildung funktionieren oft nach »Handbuch«. Man erlernt die Fähigkeit, sich Wissen anzueignen und nutzt dieses dann später nach individuellem »Masterplan«. Es ist nicht verwunderlich, dass diese Strategie dann auf die Erziehung der Kinder angewandt wird. Es wird viel gelesen und sich informiert und dann gibt es eine große Zahl an Maßnahmen, die aus dem eigenen Kind einen erfolgreichen Menschen machen soll. Abweichungen von diesem Plan werden ähnlich wie in einer großen Aktiengesellschaft durch den Aufsichtsrat kritisiert. Der Aufsichtsrat der »Erfolgreiches Kind AG« sind hier nicht die Aktionäre, sondern Großeltern, Geschwister, Freunde und ungefragt Dritte auf der Straße, die einem wichtige, konkrete Ratschläge zur Erziehung erteilen.

Manchmal wird man das Gefühl nicht los, dass man schon komisch angeschaut wird, wenn man einem schreienden Kind ein Stück Brötchen reicht, damit der Weg nach Hause einigermaßen erträglich wird für Eltern, Kind und Umwelt.

Alison Gopnik beschreibt in ihrem Buch *The Gardener and the Carpenter*, dass es für die wenigsten Mikrodinge (Papiervs. Stofftaschentücher, Kinderwagen mit Blickrichtung zu den Eltern vs. nach vorn und Vieles mehr) eine gute Beweislage gibt. Die Wissenschaft macht zu den meisten kleinen Fragen überhaupt keine Aussage. Sie konzentriert sich stattdessen etwa auf die intrinsische Motivation von Babys und Kleinkindern, zu lernen und ihr Leben sinnvoll zu gestalten. Diese Erkenntnis bietet sehr viel Beruhigung. Statt sich in vielen Details zu verzetteln, können Eltern ihren Kindern vertrauen. Sie haben einen innewohnenden Impuls zu lernen. Meine eigene Elternschaft kann ich daher als Bewahrer des Forschergeists definieren. Ich habe eine einzige Aufgabe: den *Sense of Wonder* meiner Kinder so lange wie möglich zu erhalten. Sie werden dann nicht notwendigerweise ein weiterer Albert Einstein oder ein Universalgenie wie Leonardo da Vinci, aber ihnen wird ein Leben ermöglicht, das der Natur des Menschen auf dem heutigen Stand der Entwicklungsforschung weitestgehend entspricht. Sie können ihrer kindlichen Neugier folgen.

Individualität

Ein Thema, das wir bisher überhaupt nicht thematisiert haben, ist die Anerkennung der Individualität von Babys. Die Tatsache, dass es Forschungsartikel mit dem Titel »8-monatige Babys können bereits mit Statistik umgehen« gibt, bedeutet nicht, dass diese Fähigkeit universell mit exakt acht Monaten auftritt. Außerdem ist ein Baby, das diese spezifische Fähigkeit erst mit neun Monaten hat, keineswegs entwicklungsverzögert, genauso wenig wie ein Baby, das selbige bereits mit sieben Monaten beherrscht, hochbegabt ist. Der Verweis auf die Monatszahl ist eher als Statement zu sehen: Hey, nicht erst mit 15 Jahren können Kinder denken! Schaut her, was die Menschenbabys zu leisten im Stande sind.

»Wir sind alle verschieden, es gibt keinen normalen oder gewöhnlichen Menschen, aber wir teilen den gleichen menschlichen Geist. Wichtig ist, dass wir die Fähigkeit zum Schaffen haben. Diese Kreativität kann viele Formen annehmen, von körperlicher Leistung bis zur theoretischen Physik. Wie schwierig das Leben auch sein mag, es gibt immer etwas, was man tun kann und was man erreichen kann.« So ging die Rede von Stephen Hawking anlässlich der Eröffnung der Paralympischen Spiele von London 2012 weiter. Die Menschheit zeichnet sich nicht nur durch Neugier und Optimismus aus, sondern auch durch die Tatsache, dass alle verschieden sind. Der britischstämmige Pädagoge Sir Ken Robinson bemerkte, dass es eine nahezu universelle Erfahrung von Eltern mehrerer Kinder sei, dass die Kinder trotz ähnlicher Gene und identischer Umwelt grundverschieden sind.[157] Der Schweizer Arzt und Verfasser des weitverbreiteten Elternratgebers *Babyjahre*, Remo Largo, schreibt im Klappentext seines Buches: »Jedes Kind ist einzigartig.«[158] Leute sind einfach verschieden, trotz unendlicher Universalien. Persönlich dankbar bin ich hier für die Tatsache, dass Largo als einer der ganz wenigen Autoren für Elternratgeber Konfidenzintervalle, also Erwartungsbereiche, beschreibt. Statt einer Aussage wie »Mit sechs Monaten kann ihr Baby bereits aufrecht sitzen und hat fünf Zähne« beschreibt er die Spanne an Monaten, in der 95 Prozent der Babys eine gewisse Eigenschaft erfüllen – er gibt also ein 95-Prozent-Konfidenzintervall an. Die Aussage, dass Babys im Schnitt mit sieben Monaten selbstständig in der Lage sind, aus einem Fläschchen zu trinken und mit beiden Händen das Fläschchen zu halten, ist zwar genauso richtig, aber die Aussage, dass 95 Prozent der Babys irgendwann zwischen dem vierten und elften Monat diese Fähigkeit beherrschen, ist eine deutlich angenehmere Art der Information und darüber hinaus sogar noch informationsreicher.

Die entscheidende Frage ist, ob die Unterschiedlichkeit der Kinder irgendeinem Zweck dient, oder ob dies ein unwichtiger Zufall ist. Forschung zur Evolution und auch zur Resilienz von Systemen zeigt dabei eindrucksvoll, dass Variabilität ein wichtiges Kriterium ist. Je verschiedener wir sind, desto höher sind die Chancen, dass wir Lösungen für Probleme finden. Verschiedenheit ist also die Antwort auf das Chaos der Welt. Es gibt immer irgendjemanden, der auf eine Lösung kommt, eben weil wir alle verschieden sind. Viele Denker[159] gehen davon aus, dass dies eine Stärke von Systemen ist. Die Schweiz ist berühmt für die extreme föderale Struktur und die starke

Partizipation der Bürgerinnen und Bürger. Die Tatsache, dass das System Schweiz viele unterschiedliche Lösungen für vermeintlich gleiche Probleme produziert, macht sie krisenfester. Ist eine Lösung falsch, geht nicht gleich das ganze Schiff unter. Vor diesem Hintergrund hat der Flickenteppich der deutschen Bildungspolitik auch sein Positives. Wir sollten froh sein, dass niemand alleine das ganze System gestalten kann. Diversität durch Föderalismus schützt vor katastrophalen Fehlern.

In Bezug auf die Menschheit wissen wir nicht, was die Zukunft bringt. Die Tatsache, dass alle Kinder verschieden sind, sollte uns aber mit Ruhe nach vorn blicken lassen. Irgendeine Eigenschaft wird sicher helfen, das Problem zu lösen. Wir wissen dabei nicht, welches Kind den nächsten wissenschaftlichen Durchbruch bringen wird, aber wir können sicher sein, dass es irgendein Kind gibt, dem das gelingt.

Danksagung –
Auf den Schultern von Giganten

Liebe Leserinnen und Leser,

vielen Dank für die Lektüre meines Buches. Ich hoffe, Sie haben das Gefühl, dass Sie nun etwas mehr wissen als zuvor. Ich wünsche mir, dass Sie meine Begeisterung für die atemberaubenden Erkenntnisgewinne von Neugeborenen, Babys und Kleinkindern nun teilen.

Dieses Buch thematisierte die kognitive Entwicklung von Kindern und die prägende Metapher war, dass schon kleine Babys wie Wissenschaftler agieren. Sie lernen rapide von Tag eins an. Sie bilden Theorien, sammeln Daten und machen Experimente. Ihnen gelingt es, statistische Daten auf sinnvolle Weise zu interpretieren, daraus Gesetzmäßigkeiten abzuleiten und zu verstehen, wann die Daten eine Generalisierung nicht zulassen.

Aus der Thematik heraus ergibt sich, dass ich beim Schreiben dieses Buches im Wesentlichen auf kognitive Faktoren zurückgegriffen habe. Was Kinder aber auch Kinder sein lässt, sind ihre Emotionen. Sie sind viel variabler als die eines Erwachsenen. Euphorische Jubelschreie und tiefgründige Verzweiflung treten manchmal innerhalb einer Minute auf. Es ist mir wichtig zu sagen, dass nicht nur Kognitionen den Menschen Mensch sein lassen. Die Emotionen machen uns auch erst zu dem, was wir sind. Wie Hume bereits sagte, sollte die Vernunft nur Sklavin der Leidenschaft sein. Empathie etwa ist nicht nur das kognitive Verständnis davon, dass eine andere

Person eigene Gedanken, Gefühle und Vorlieben hat. Sie ist vielmehr auch die Fähigkeit, die Freude, die Trauer, die Begeisterung und den Schmerz der anderen wahrhaft mitfühlen zu können. Um die Emotionen von Babys und Kindern sowie die Entwicklung der Emotionen beschreiben zu können, bräuchte es vermutlich ein weiteres Buch.

Babys sind nicht präkognitiv, sie vegetieren am Anfang des Lebens nicht vor sich hin, sondern sind von Tag eins an beeindruckende Lerner in allen Studienzweigen der Universität: Physik, Mathematik, Psychologie, Soziologie, Linguistik, Kunst und Musik.

Meine Recherchen zum Thema haben mich unendlich viel über den Menschen gelehrt. Ein Blick in die Entwicklung von Babys ist immer auch eine philosophische Auseinandersetzung mit der Natur des Menschen. Wer sind wir? Was ist menschlich? Welche Schlüsse ziehen wir daraus für Erziehung? Diese Fragen treiben mich um, seit ich mich intensiver mit der Forschung zum Thema auseinandersetze.

In diesem Buch beschreibe ich keine einzige meiner eigenen Arbeiten. Ich arbeite als Wissenschaftler nicht selbst im Forschungsgebiet »kognitive Entwicklung«, was ich während meiner Recherchen einige Male bereut habe. Es ist für mich faszinierend, mit welcher Kreativität und welchem Scharfsinn die Kolleginnen und Kollegen in der Entwicklungspsychologie Experimente gestalten und Kenntnisse schaffen, die unseren Blick auf die Kleinsten revolutionieren können. Sehr gerne würde ich etwas zu diesem Bereich der Forschung beisteuern.

Auch wenn das Thema meiner eigenen Forschung nicht das Baby ist, so habe ich als Wissenschaftler im Bereich des ökonomischen und sozialen Verhaltens des Menschen doch einiges Vorwissen, das mir geholfen hat, die Originalforschung schnell zu verstehen. Mathematische Modelle, statistische Analysen oder auch die Logik des psychologischen Experiments kann ich vermutlich schneller entziffern als andere Eltern, die nicht selbst wissenschaftlich arbeiten. Das Ziel meines Buches war daher auch, die komplexe Wissenschaftssprache zu übersetzen, um sie anderen Eltern und Interessierten zugänglich zu machen. Ich hoffe, dies ist gelungen. Es gibt etliche Kurse für Wissenschaftler, die Wissenstransfer thematisieren. Es ist für uns manchmal schwierig, die richtigen Worte zu finden. Regelmäßig fällt mir dies auf, wenn wir – geschuldet durch die immer wichtiger werdende mediale Verarbeitung von neuen Forschungsergebnissen – gezwungen sind, Medienmitteilungen über unsere Arbeit herauszugeben. Uns Wissenschaftlern sind die Nuancen wichtig, und dennoch müssen wir das Gleichgewicht zwischen Richtigkeit/Komplexität und Verständlichkeit meistern. Dieser Trade-off war mir beim Schreiben jedes einzelnen Wortes präsent. Ein wissenschaftlich gebildeter Entwicklungspsychologe mag bei der Lektüre des Buches denken, dass es zu knapp und zu ungenau beschrieben wurde. Nicht immer wurde jede wissenschaftliche Debatte in ihrer Gänze beschrieben. Interessierte Eltern, welche nicht selbst die Zeit haben, jeden Forschungsartikel im Original zu lesen, mögen manche Elemente andererseits für zu komplex halten. Mein Kompromiss ist der folgende: Im Buch versuchte ich stets, den aktuell vorherrschenden Kenntnisstand zu gewissen Themen im richtigen Geiste wiederzugeben. Im Literaturverzeichnis zu jedem Kapitel mache ich deutlich, welche Forschungsarbeiten dem jeweiligen Kapitel zentral zugrunde liegen und welche Quellen ich darüber hinaus verarbeitet habe. Für tiefer gehend interessierte Leserinnen und Leser bietet dies die Möglichkeit, sich mit der Primärliteratur auseinanderzusetzen, was sehr lohnenswert ist.

Mir ist es wichtig zu sagen, dass keine einzige Idee in diesem Buch meine eigene ist. Meine Leistung ist die Organisation dieses Wissens in eine, in *meine* Geschichte. Es geht um die individuelle Erkenntnis, dass meine Kinder und ich uns durch unsere Arbeit und unser Spiel ähneln. Zum ersten Mal gelesen habe ich die Metapher des wissenschaftlichen Babys bei der Entwicklungspsychologin Alison Gopnik, die gemeinsam mit ihren Kollegen Patricia Kuhl und Andrew Meltzoff vor etlichen Jahren das Buch *The Scientist in the Crib* (zu Deutsch: *Forschergeist in Windeln*) geschrieben hat. Für mich spielte die Lektüre eine zentrale Rolle dabei, eine eigene Theorie der Vaterschaft zu entwickeln. Wie möchte ich es angehen, ein Vater zu sein?

Ich hoffe, dass meine eigenen Kinder das Buch lesen können, wenn sie selbst Kinder kriegen. Sie mögen sich fragen: Wie hat eigentlich mein Vater darüber gedacht, Vater zu sein? Diese Frage beschäftigt mich intensiv. Das Problem ist, dass man sich nach 35 Jahren daran kaum erinnern kann. Mein Vater kann mir zwar viele Geschichten dazu erzählen wie es war, als ich ein Baby war, aber das große Ganze ist verloren. Ich hoffe, dass ich durch dieses Buch meine eigene Idee vom großen Ganzen erhalten kann.

Ein Gleichnis, das mich selbst in meiner wissenschaftlichen Arbeit seit jeher stark prägt, ist das von den Zwergen auf den Schultern der Riesen. Es ist der Versuch, die jeweils aktuelle Wissenschaft in Relation zum Vorwissen der Menschheit zu setzen. Das Gleichnis lässt sich sicher bis ins 12. Jahrhundert zurückverfolgen. Unsere Wissenschaft und unsere Gelehrsamkeit stehen immer in der Tradition der Menschen, die vor uns Wissenschaft betrieben haben. Die Giganten, deren Ideen hier zum Ausdruck kommen, sind im Literaturverzeichnis in Gänze zu finden. Dies sind die für das Buch wichtigsten Forschungsgruppenleiter (mit allen ihren wissenschaftlichen Mitarbeitern): Alison Gopnik (University of California, Berkeley), Laura Schulz (Massachusetts Institute of Technology), Andrew Meltzoff (University of Washington, Seattle), Patricia Kuhl (University of Washington, Seattle), Jenny Saffran (University of Wisconsin), Paul Bloom (Yale University), Joshua Tenenbaum (Massachusetts Institute of Technology). Julian Jara-Ettinger (Yale University), Hyon Gweon (Stanford University), Susan Carey (Harvard University), Karen Wynn (Yale University). Mein Dank gilt all diesen Wissenschaftlern für deren wunderbare Arbeit. Sämtliche Erkenntnisse stammen aus deren Feder, aber auch diese Forscher bauten ihre Erkenntnisse auf existierendem Wissen auf. So mögen wir heute Theorien wie den Behaviorismus kritisieren, aber erst hieraus konnte die kognitive Wende entstehen.

Alison Gopniks wesentlicher Beitrag zur Forschung ist die Entwicklung der Theorie-Theorie, die der *Baby=Wissenschaftler*-Metapher unterliegt. Sie besagt, dass wir ständig unsere Theorien durch neue Daten verwerfen, verbessern und neu gestalten. Dies bedeutet zwangsläufig, dass wir irgendwann alle im Buch beschriebenen Ideen verwerfen und ändern werden. Wissenschaft müssen wir immer auch als den »derzeitigen Stand des Irrtums« bezeichnen. Wir lernen immer mehr und wissen immer besser Bescheid. Daher habe ich die Hoffnung, dass unsere Kinder eines Tages auf das Buch schauen und denken: »Oh je, die Ärmsten, was die alles nicht wussten.«

Neben den unzähligen Forscherinnen und Forschern, die durch ihre beeindruckende entwicklungspsychologische Arbeit meine Neugier stillten, gilt mein Dank vielen Menschen, die das Buch unterstützten. Zu allererst danke ich meiner Frau, die mich viel zu häufig in meiner Forschungsassistentenpflicht vertrat und insbesondere kurz vor Abgabe des Manuskriptes mehr als ihren *fair share* der Betreuungszeit übernahm. Darüber hinaus gab meine Frau den entscheidenden Hinweis zum Titel. Die *Kindsköpfe* gehen auf sie zurück, und spätestens durch Harald Martenstein wissen wir, dass der Titel die halbe Miete eines Buches ist.[160] Ich bedanke mich bei meiner Agentin Hanna Leitgeb, die zu einem sehr frühen Zeitpunkt an das Buch glaubte und mit Kösel ein optimales Zuhause dafür fand. Ich danke meiner Lektorin bei Kösel, Claudia Bitz, die mir durch ihre wohlwollende, hilfsbereite und positive Art eine ganz unterschiedliche Art von *peer review* gab, als ich es sonst aus dem Wissenschaftsbetrieb gewohnt bin, sowie Birthe Vogelmann für die Redaktion. Ich danke meinem Kollegen Patrice Wyrsch, der mich nach der Lektüre der ersten wenigen Manuskriptseiten auf Probleme aufmerksam machte, die durch den ursprünglichen Aufbau erst sehr viel später – vermutlich zu spät – erkannt worden wären. Ich danke meiner Kollegin Annika Wyss für ihre Hilfe beim Lektorieren des ersten und zweiten Gesamtentwurfes. Schließlich gilt mein Dank all den Menschen, die unbekannterweise das Buch unterstützten, die Forschungsassistenten, welche die Arbeiten der Experimente mit durchführten, ohne irgendwo genannt zu sein, die Mitarbeiter des Verlags, die keinen direkten Kontakt zu mir hatten. Ein letzter Dank gilt meinen Kindern, die *die* kausale Ursache dafür sind, dass ich mich überhaupt für das Thema der kognitiven Entwicklung zu interessieren begann. Ihnen bei der Erforschung der Welt zuzuschauen, macht mehr Freude, als selbst zu forschen.

Sebastian Berger, im Januar 2019

Anmerkungen

1 Mitochondrien sind Teile der Zelle mit eigener DNA, welche nur durch die Mutter vererbt werden. Neue Erkenntnisse, welche an der Exklusivitätsthese kratzen, wurden im November 2018 publiziert (Luo et al., 2018, PNAS).

2 Gopnik, *The Gardener and the Carpenter*, London 2016

3 Buzz Aldrins erste Schritte als zweiter Mensch auf dem Mond waren für die Welt ja weit weniger bedeutsam als diejenigen des ersten, Neil Armstrong. Ihm waren sie vermutlich persönlich trotzdem die wichtigsten seines Lebens.

4 Yuval Noah Harari, *Eine kurze Geschichte der Menschheit*, München 2015, S. 13

5 Abdruck mit freundlicher Genehmigung der Syndics of Cambridge University Library (DAR 121, p.36)

6 Harari, 2015

7 Harari, 2015

8 Harari, 2015

9 Für eine Qualifizierung dieses Arguments siehe Frans de Waal: *Are We Smart Enough to Know How Smart Animals Are?*, New York 2016

10 Stanford Encyclopedia of Philosophy, 2008, für einen Überblick über die philosophische Debatte

11 Locke, 1836

12 Pinker, 2002

13 Pinker, 2002

14 Pinker, 2002

15 Brown, 1991

16 Dabei werden vorsokratische Ansätze wie etwa die Debatte zwischen dem Nativisten Empedokles und dem Empiriker Anaxagoras und alle nicht-westlichen Philosophien ausgeklammert.

17 Stanford Encyclopedia of Philosophy

18 Stanford Encyclopedia of Philosophy

19 Abdruck mit freundlicher Genehmigung aus Kellogg, W.N., Kellogg, L.A.: *The Ape and the Child: A Study of Environmental Influence upon*

Early Behavior. New York and London: McGraw-Hill Book Company, Inc. 1933

20 Kellogg & Kellogg, The Ape and the Child

21 Pinker, 2002

22 Watson, 1913, Psychological Review

23 Pinker, 2002

24 Watson, 1913, S.158

25 Für heutige Zeiten mag die Versuchsstichprobe einer einzigen Person sehr knapp bemessen sein, aber dies liegt der grundsätzlichen Auffassung zugrunde, dass es sich bei behavioristischen Theorien um perfekt vorhersagbare »Naturgesetze« ähnlich der Schwerkraft handelt. So wie ein Physiker nicht Hunderte Äpfel vom Baum fallen lassen muss, um zu verstehen, dass dieser sich stets Richtung Erde bewegt, sahen sich Behavioristen nicht gezwungen, ihre Experimente an mehreren Subjekten (ob Menschen, Hunden, Tauben etc.) durchzuführen, um die grundsätzlichen biologischen Mechanismen zu verstehen.

26 Watson & Watson, 1928, S. 81-82

27 West, 1914, Infant care

28 Z.B. Henry & Wang, 1998, Psychoneuroendocrinology; Schore, 2001, Infant Mental Health Journal

29 Pinker, 2002

30 Miller, 2003

31 Miller, 2003

32 In Teil 3 werden wir hierauf zurückkommen.

33 Siehe die Forschung von Ewa Dąbrówka (Friedrich-Alexander-Universität Erlangen) für ein umfangreiches und einflussreiches Forschungsprogramm, dass Argumente gegen eine Universalgrammatik liefert.

34 Abdruck mit freundlicher Genehmigung der AAAS (American Association for the Advancement of Science) aus: Harry F. Harlow, Robert R. Zimmermann, August 1959, Affectional Responses in the Infant Monkey. Science 21, Vol. 130, Issue 3373, Fig. 1, S. 422

35 De Cock et al., 2016, Journal of Family Psychology

36 Fantz, 1963, Science

37 Gopnik, 2012, Science

38 Die Trotzphase scheint das zu sein, was beim Wissenschaftler das »Forschungsfreisemester« ist, eine Zeit der besonders intensiven Forschung, ohne Rücksicht auf andere Pflichten wie Lehre, Gremienarbeit oder sonstige Dinge, die viele Forscher als Last empfinden.

39 Schulz, 2012, TICS

40 Halberda, 2018, Science
41 Cary, 1985
42 Cesana-Arlotti et al., 2018, Science
43 Wenn Ihr Baby Sie also das nächste Mal staunend anschaut, kann dies lediglich bedeuten, dass Sie mal wieder etwas extrem Unlogisches tun (oder aber etwas Spannendes/Überraschendes).
44 Henrich, Heine, & Norenzayan, 2010, Nature
45 Ein gängiger Scherz ist, dass man durch den Zusatz »…in humans« im Titel eines Fachaufsatzes die Chancen auf Publikation in einer Topzeitschrift wie *Science* und *Nature* erhöht, weil es dann dem Ergebnis mehr Wichtigkeit beimisst. »…in WEIRD people« würde nicht so gut funktionieren.
46 Gweon, Tenenbaum & Schulz, 2010, PNAS
47 Baldwin, Markman,, & Melartin, 1993, Child development; Xu & Garcia, 2008, PNAS
48 Wulf, 2015, S.33; Referenzen aus Goethes Tagebücher
49 Gweon & Schulz, 2011, Science
50 O. Höfling: *Physik. Band II Teil 1, Mechanik, Wärme.* 15. Auflage. Ferd. Dümmlers Verlag, Bonn 1994
51 Diese Experimente werden in Teil 4 noch intensiver diskutiert.
52 Kushnir & Gopnik, 2005, Psychological Science
53 Lucas et al., 2014, Cognition
54 Téglás et al., 2011, Science
55 Die Tatsache, dass die Trotzphase auch die Funktion hat, zu lernen, mit den eigenen Emotionen umzugehen, klammern wir wohlwollend aus. Wir fokussieren ja auf die *kognitive* Entwicklung.
56 Harari, 2011
57 Brosnan & de Waal, 2003, Nature
58 Camerer, 2003, TICS
59 Fehr & Gächter, 2000, JEP
60 Riedl et al., 2013, PNAS; Herrmann et al., 2013, Journal of Comparative Psychology
61 Hrdy & Schmidt, 2010
62 Im Sinne Chomskys ein forschender Außerirdischer, Gespräch mit Tilo Jung
63 Meltzoff & Moore, 1977, Science
64 Abdruck mit freundlicher Genehmigung der AAAS (American Association for the Advancement of Science) aus: Meltzoff & Moore, Oktober 1977, Science 07, Vol. 198, Issue 4312, Fig.1, S. 75

65 Meltzoff, 2013
66 Meltzoff, 1990
67 Meltzoff, 1990
68 Hobbes, De Cive, und Plautus, Asinaria
69 Thaler, 2012, Management Science
70 Z. B. Nowak, 2006, Science
71 Feinberg, Willer, & Schultz, 2014, Psychological Science
72 Hamlin, Wynn, & Bloom, 2007, Nature
73 Jara-Ettinger et al., 2015, Cognition
74 Jara-Ettinger et al. 2015, Psychological Science
75 Baillargeon, Scott & He, 2010, TICS
76 Onishi & Baillargeon, 2005, Science
77 Repacholi & Gopnik, 1997, Developmental psychology
78 Meltzoff, 1995, Developmental psychology
79 Bonawitz et al., 2011, Cognition
80 Bloom, 2005, S.113
81 Bloom, 2005
82 Haidt, 2001, Psychological Review
83 Genauer: der Preis der Schwedischen Reichsbank in Gedenken an Alfred Nobel, dem wichtigsten internationalen Forschungspreis für Ökonomen.
84 Helion & Pizarro, 2014; Paxton, Ungar, & Greene, 2011, Cognitive Science
85 Bloom, 2011, New York Times Magazine
86 Tomasello, 1995, Cognitive Development
87 Z. B. Kuhl, 2004, Nature Reviews Neuroscience
88 Pinker, 1994
89 Pinker, 1994
90 Zitiert in: Weigmann, 2007, Spektrum der Wissenschaft
91 Lakoff & Johnson, 2014
92 Diese und andere Forschung wurde aufgrund mangelnder Replizierbarkeit aber auch sehr stark kritisiert. Das Beispiel hier ist vorsichtig gewählt, der Effekt wurde in verschiedenen Studien von mehreren Laboratorien repliziert. Andere Effekte, die ursprünglich gezeigt wurden, waren die Verbindung von »schwer« und »bedeutungsschwer«, »oben« und »wichtig« und anderen Paaren, die auf der gleichen Logik basieren.
93 Kuhl, 2004, Nature Neuroscience, eigene Übersetzung
94 So auch der Titel seines TED Talks, der das Projekt für Laien anschaulich beschreibt.

95 Mag wie ein Scherz klingen, aber stimmt. David Letterman: My next guest needs no introduction, Episode 4 »Jay-Z« Minute 25.
96 Die genauen neuronalen Mechanismen gingen weit über das hinaus, was man im Rahmen dieses Buches beschreiben könnte. Ein sehr guter Start für die weitere Forschung ist die Arbeit von Patricia Kohl (z.B. 2004, Nature Neuroscience, oder 2000, PNAS)
97 Ladefoged, 2005
98 Werker et al., 1984, Infant development behavior
99 Kuhl, 2004, Nature reviews neuroscience; Hayashi et al., 2006, Developmental Science
100 Kuhl, 1991, Perception & Psychophysics
101 Kuhl, 2004, Nature Reviews Neuroscience
102 Doupe & Kuhl, 1999, Annual Review of Neuroscience
103 Z.B. Fromkin et al., 1974, Brain Language
104 Kuhl et al., 2005, Developmental Science
105 Kuhl et al., 1997, Science
106 Brooks & Meltzoff, 2002, Developmental Psychology
107 Goldstein et al., 2003, PNAS
108 Kuhl, 2003, PNAS
109 Largo, 2017
110 Bergelson & Swingley, 2012, PNAS
111 Gopnik, 2016; Harris, 2012
112 Corriveau et al., 2009, Psychological Science; Harris & Coriveau, 2011, Philos Trans R Soc London [Biol]
113 Bloom, 2005; deLoache et al., 1998, Psychological Science
114 Preissler & Carey, 2004, Journal of Cognition and Development
115 Winkler et al., 2009, PNAS
116 Philips-Silver & Trainor, 2005, Science
117 Dehaene, 2011
118 Dehaene et al., 2008, Science
119 Z.B. Beran et al., 2008, Journal of Experimental Child Psychology
120 Dehaene, 2003, TICS
121 Siegler & Booth, 2004, Child Development
122 Siegler & Booth, 2004, Child Development
123 De Hevia & Spelke, 2010, Psychological Science
124 McCarty et al., 1999, Developmental psychology
125 Siehe auch Bloom, 2005, Seite 11ff.
126 Xu, Carey & Welch, 1999, Cognition
127 Spelke, Phillips, Woodward, 1995

128 Baillargeon, Spelke, Wassermann, 1985, Cognition
129 Spelke, Phillips, Woodward, 1995
130 Simion, Regolin & Bulf, 2008, PNAS
131 Heron-Delaney et al., 2011, Phil. Trans. Royal Society
132 Aristoteles, De Anima
133 Luo & Baillargeon, 2005, Psychological Science
134 Woodward, 1998
135 Kamewari et al., 2005, Cognitive Development
136 Csibra, 2008, Cognition
137 Banaji & Gelman, 2013; Gergely & Csibra, 2003, TICS
138 Setoh et al., 2013, PNAS
139 Gelman & Meyer, 2001, Wiley Interdisciplinary Reviews: Cognitive Science
140 Gelman, 2003, TICS
141 Bloom, 2005, S. 48
142 Z.B. Hauskeller, Sturdy, & Tutton, 2013, Sociology
143 Stefan Klein, 2008, ZEIT Magazin,
144 Gopnik, 2009, Kapitel 1
145 Mack & Rock, 1998; Simons & Chabris, 1999, Perception
146 Gopnik, 2009. Interessanterweise zeigt sich, dass Erwachsene eher den Gorilla sehen als 8-, 9-, und 10-Jährige, Memmert, 2014, Cognitive Development.
147 Gopnik, 2016
148 Emery & Clayton, 2004, Science
149 Zitiert in Gopnik, 2016
150 Gopnik, 2016
151 Gopnik, 2016
152 Siehe Teil 2, Gergely, Bekkering, & Király, 2002, Nature
153 Zitiert in Kricheldorf (2014). Erkenntnisse und Irrtümer in Medizin und Naturwissenschaften.
154 Wegener, 1917
155 Die oft ironischerweise bei den finanziellen Aspekten aufhört.
156 Sokrates
157 Robinson, TED Talk
158 Largo, 2017
159 Z. B. Taleb, 2013
160 Martenstein, 2009

Literaturverzeichnis

Aguiar, A., & Baillargeon, R. (1999). 2.5-month-old infants' reasoning about when objects should and should not be occluded. Cognitive psychology, 39(2), 116-157.

Ambady, N., & Rosenthal, R. (1992). Thin slices of expressive behavior as predictors of interpersonal consequences: A meta-analysis. Psychological bulletin, 111(2), 256.

Baillargeon, R. (1987). Object permanence in 3½- and 4½-month-old infants. Developmental psychology, 23(5), 655.

Baillargeon, R., & DeVos, J. (1991). Object permanence in young infants: Further evidence. Child development, 62(6), 1227-1246.

Baillargeon, R., & Graber, M. (1987). Where's the rabbit? 5.5-month-old infants' representation of the height of a hidden object. Cognitive Development, 2(4), 375-392.

Baillargeon, R., Scott, R. M., & He, Z. (2010). False-belief understanding in infants. Trends in cognitive sciences, 14(3), 110-118.

Baillargeon, R., Spelke, E. S., & Wasserman, S. (1985). Object permanence in five-month-old infants. Cognition, 20(3), 191-208.

Baldwin, D. A., Markman, E. M., & Melartin, R. L. (1993). Infants' ability to draw inferences about nonobvious object properties: Evidence from exploratory play. Child development, 64(3), 711-728.

Banaji, M. R., & Gelman, S. A. (Eds.). (2013). Navigating the social world: What infants, children, and other species can teach us. Oxford University Press.

Beck, C., & Schlögl, F. (1995). Thermodynamics of chaotic systems: an introduction (No. 4). Cambridge University Press.

Beran, M. J., Johnson-Pynn, J. S., & Ready, C. (2008). Quantity representation in children and rhesus monkeys: Linear versus logarithmic scales. Journal of experimental child psychology, 100(3), 225-233.

Bergelson, E., & Swingley, D. (2012). At 6–9 months, human infants know the meanings of many common nouns. Proceedings of the National Academy of Sciences, 109(9), 3253-3258.

Bíró, S., & Leslie, A. M. (2007). Infants' perception of goal-directed actions: development through cue-based bootstrapping. Developmental Science, 10(3), 379-398.

Bloom, P. (2010). The moral life of babies. New York Times Magazine, 3.

Bloom, P. (2005). Descartes' baby: How the science of child development explains what makes us human. Random House.

Boltwood, Bertram (1907). »On the Ultimate Disintegration Products of the Radio-active Elements. Part II. The disintegration products of uranium«. American Journal of Science. 4. 23 (134): 77-88.

Bonawitz, E., Shafto, P., Gweon, H., Goodman, N. D., Spelke, E., & Schulz, L. (2011). The double-edged sword of pedagogy: Instruction limits spontaneous exploration and discovery. Cognition, 120(3), 322-330.

Brooks, R., & Meltzoff, A. N. (2002). The importance of eyes: how infants interpret adult looking behavior. Developmental psychology, 38(6), 958.

Brosnan, S. F., & De Waal, F. B. (2003). Monkeys reject unequal pay. Nature, 425(6955), 297.

Bullock, M., Gelman, R., & Baillargeon, R. (1982). The development of causal reasoning. The developmental psychology of time, 209-254.

Busch, P., Heinonen, T., & Lahti, P. (2007). Heisenberg's uncertainty principle. Physics Reports, 452(6), 155-176.

Bruner, J. (1990). Acts of meaning. Cambridge, MA: Harvard University Press.

Camerer, C. F. (2003). Behavioural studies of strategic thinking in games. Trends in cognitive sciences, 7(5), 225-231

Cesana-Arlotti, N., Martín, A., Téglás, E., Vorobyova, L., Cetnarski, R., & Bonatti, L. L. (2018). Precursors of logical reasoning in preverbal human infants. Science, 359(6381), 1263-1266.

Cook, C., Goodman, N. D., & Schulz, L. E. (2011). Where science starts: Spontaneous experiments in preschoolers' exploratory play. Cognition, 120(3), 341-349.

Corriveau, K. H., Fusaro, M., & Harris, P. L. (2009). Going with the flow: Preschoolers prefer nondissenters as informants. Psychological science, 20(3), 372-377.

Csibra, G. (2008). Goal attribution to inanimate agents by 6.5-month-old infants. Cognition, 107(2), 705-717.

de Cock, E. S., Henrichs, J., Vreeswijk, C. M., Maas, A. J., Rijk, C. H., & van Bakel, H. J. (2016). Continuous feelings of love? The parental bond from pregnancy to toddlerhood. Journal of Family Psychology, 30(1), 125.

Dehaene, S. (2011). The number sense: How the mind creates mathematics. OUP USA.

Dehaene, S., Bossini, S., & Giraux, P. (1993). The mental representation of parity and number magnitude. Journal of Experimental Psychology: General, *122*(3), 371.

Dehaene, S., Izard, V., Spelke, E., & Pica, P. (2008). Log or linear? Distinct intuitions of the number scale in Western and Amazonian indigene cultures. Science, 320(5880), 1217-1220.

De Hevia, M. D., & Spelke, E. S. (2010). Number-space mapping in human infants. Psychological Science, 21(5), 653-660.

DeLoache, J. S., Pierroutsakos, S. L., Uttal, D. H., Rosengren, K. S., & Gottlieb, A. (1998). Grasping the nature of pictures. Psychological Science, 9(3), 205-210.

Denison, S., & Xu, F. (2014). The origins of probabilistic inference in human infants. Cognition, 130(3), 335-347.

D'Entremont, B., & Muir, D. (1999). Infant responses to adult happy and sad vocal and facial expressions during face-to-face interactions. Infant Behavior and Development, 22(4), 527-539.

Doupe, A. J., & Kuhl, P. K. (1999). Birdsong and human speech: common themes and mechanisms. Annual review of neuroscience, 22(1), 567-631.

Emery, N. J., & Clayton, N. S. (2004). The mentality of crows: convergent evolution of intelligence in corvids and apes. Science, *306*(5703), 1903-1907.

Farroni, T., Csibra, G., Simion, F., & Johnson, M. H. (2002). Eye contact detection in humans from birth. Proceedings of the National Academy of Sciences, 99(14), 9602-9605.

Fehr, E., & Gächter, S. (2000). Fairness and retaliation: The economics of reciprocity. Journal of economic perspectives, 14(3), 159-181.

Feigenson, L., Dehaene, S., & Spelke, E. (2004). Core systems of number. Trends in cognitive sciences, 8(7), 307-314.

Feinberg, M., Willer, R., & Schultz, M. (2014). Gossip and ostracism promote cooperation in groups. Psychological Science, 25(3), 656-664.

Fromkin, V., Krashen, S., Curtiss, S., Rigler, D. & Rigler, M. (1974) The development of language in Genie: a case of language acquisition beyond the 'critical period'. Brain and Language, 1(1), 81-107.

Gelman, S. A. (2004). Psychological essentialism in children. Trends in cognitive sciences, 8(9), 404-409.

Gelman, S. A., & Meyer, M. (2011). Child categorization. Wiley Interdisciplinary Reviews: Cognitive Science, 2(1), 95-105.

Gergely, G., & Csibra, G. (2003). Teleological reasoning in infancy: The naive theory of rational action. Trends in cognitive sciences, 7(7), 287-292.

Gergely, G., Bekkering, H., & Király, I. (2002). Developmental psychology: Rational imitation in preverbal infants. Nature, 415 (6873), 755.

Goldstein, M. H., King, A. P., & West, M. J. (2003). Social interaction shapes babbling: Testing parallels between birdsong and speech. Proceedings of the National Academy of Sciences, 100(13), 8030-8035.

Gopnik, A. (2003). The theory theory as an alternative to the innateness hypothesis. Chomsky and his critics, 238-254.

Gopnik, A. (2009). The philosophical baby: What children's minds tell us about truth, love and the meaning of life. Random House.

Gopnik, A. (2012). Scientific thinking in young children: Theoretical advances, empirical research, and policy implications. Science, 337(6102), 1623-1627.

Gopnik, A. (2016). The gardener and the carpenter: What the new science of child development tells us about the relationship between parents and children. Macmillan.

Gopnik, A., Glymour, C., Sobel, D. M., Schulz, L. E., Kushnir, T., & Danks, D. (2004). A theory of causal learning in children: causal maps and Bayes nets. Psychological review, 111(1), 3-32.

Gopnik, A., Meltzoff, A. N., & Kuhl, P. K. (2001). The scientist in the crib: What early learning tells us about the mind. New York, NY: Perennial.

Gopnik, A., & Schulz, L. (2004). Mechanisms of theory formation in young children. Trends in cognitive sciences, 8(8), 371-377.

Gweon, H., Tenenbaum, J. B., & Schulz, L. E. (2010). Infants consider both the sample and the sampling process in inductive generalization. Proceedings of the National Academy of Sciences, 107(20), 9066-9071.

Gweon, H., & Schulz, L. (2011). 16-month-olds rationally infer causes of failed actions. Science, 332(6037), 1524-1524.

Haidt, J. (2001). The emotional dog and its rational tail: a social intuitionist approach to moral judgment. Psychological review, 108(4), 814.

Halberda, J. (2018). Logic in babies. Science, 359(6381), 1214-1215.

Harari, Y. N. (2013). Eine kurze Geschichte der Menschheit. DVA.

Harris, P. L. (2012). Trusting what you're told: How children learn from others. Harvard University Press.

Harris, P. L., & Corriveau, K. H. (2011). Young children's selective trust in informants. Philosophical Transactions of the Royal Society of London B: Biological Sciences, 366(1567), 1179-1187.

Hatano, G., & Inagaki, K. (1994). Young children's naive theory of biology. Cognition, 50(1-3), 171-188.

Hamlin, J. K., Wynn, K., & Bloom, P. (2007). Social evaluation by preverbal infants. Nature, 450(7169), 557.

Hauskeller, C., Sturdy, S. and Tutton, R. 2013. »Genetics and the Sociology of Identity.« Sociology 47: 875-886.

Hawking, S. W., Mlodinow, L., Yogeshwar, R., & Zimber, C. (2010). Der große Entwurf: eine neue Erklärung des Universums. Rowohlt.

Heidelberger, M. (2004). Nature from within: Gustav Theodor Fechner and his psychophysical worldview. University of Pittsburgh Pre.

Helion, C., & Pizarro, D. A. (2015). Beyond dual-processes: the interplay of reason and emotion in moral judgment. In Handbook of neuroethics (S. 109-125). Springer, Dordrecht.

Henrich, J., Heine, S. J., & Norenzayan, A. (2010). Most people are not WEIRD. Nature, 466(7302), 29.

Henry, J. P., & Wang, S. (1998). Effects of early stress on adult affiliative behavior. Psychoneuroendocrinology, 23(8), 863-875.

Heron-Delaney, M., Wirth, S., & Pascalis, O. (2011). Infants' knowledge of their own species. Philosophical Transactions of the Royal Society B: Biological Sciences, 366(1571), 1753-1763.

Herrmann, E., Keupp, S., Hare, B., Vaish, A., & Tomasello, M. (2013). Direct and indirect reputation formation in nonhuman great apes (Pan paniscus, Pan troglodytes, Gorilla gorilla, Pongo pygmaeus) and human children (Homo sapiens). Journal of Comparative Psychology, 127(1), 63.

Hrdy, S. B., & Schmidt, T. (2010). Mütter und Andere: Wie die Evolution uns zu sozialen Wesen gemacht hat. Berlin-Verlag.

Inagaki, K., & Hatano, G. (2006). Young children's conception of the biological world. Current Directions in Psychological Science, 15(4), 177-181.

Jara-Ettinger, J., Gweon, H., Schulz, L. E., & Tenenbaum, J. B. (2016). The naïve utility calculus: Computational principles underlying commonsense psychology. Trends in cognitive sciences, 20(8), 589-604.

Jara-Ettinger, J., Tenenbaum, J. B., & Schulz, L. E. (2015). Not so innocent: Toddlers' inferences about costs and culpability. Psychological science, 26(5), 633-640.

Jara-Ettinger, J., Gweon, H., Tenenbaum, J. B., & Schulz, L. E. (2015). Children's understanding of the costs and rewards underlying rational action. Cognition, 140, 14-23.

Johnson, S. P., Amso, D., & Slemmer, J. A. (2003). Development of object concepts in infancy: Evidence for early learning in an eye-tracking paradigm. Proceedings of the National Academy of Sciences, 100(18), 10568-10573.

Johnson, S. C., Shimizu, Y. A., & Ok, S. J. (2007). Actors and actions: The role of agent behavior in infants' attribution of goals. Cognitive Development, 22(3), 310-322.

Kiley Hamlin, J., Wynn, K., & Bloom, P. (2010). Three-month-olds show a negativity bias in their social evaluations. Developmental science, 13(6), 923-929.

Koch, R. (2010). Weitere Mitteilungen über ein Heilmittel gegen Tuberkulose. Verfügbar beim Robert Koch Institut. Letzter Zugriff: 2. Mai 2018 [http://edoc.rki.de/docviews/abstract.php?id=622]

Kuhl, P. K. (1991). Human adults and human infants show a »perceptual magnet effect« for the prototypes of speech categories, monkeys do not. Perception & psychophysics, 50(2), 93-107.

Kuhl, P. K. (2000). A new view of language acquisition. Proceedings of the National Academy of Sciences, 97(22), 11850-11857.

Kuhl, P. K. (2003). Human speech and birdsong: communication and the social brain. Proceedings of the National Academy of Sciences, 100(17), 9645-9646.

Kuhl, P. K. (2004). Early language acquisition: cracking the speech code. Nature reviews neuroscience, 5(11), 831.

Kuhl, P. K., Andruski, J. E., Chistovich, I. A., Chistovich, L. A., Kozhevnikova, E. V., Ryskina, V. L., ... & Lacerda, F. (1997). Cross-language analysis of phonetic units in language addressed to infants. Science, 277(5326), 684-686.

Kuhl, P. K., & Miller, J. D. (1975). Speech perception by the chinchilla: Voiced-voiceless distinction in alveolar plosive consonants. Science, 190(4209), 69-72.

Kuhl, P. K., & Padden, D. M. (1982). Enhanced discriminability at the phonetic boundaries for the voicing feature in macaques. Perception & Psychophysics, 32(6), 542-550.

Kuhlmeier, V., Wynn, K., & Bloom, P. (2003). Attribution of dispositional states by 12-month-olds. Psychological science, 14(5), 402-408.

Kushnir, T., Xu, F., & Wellman, H. (2008). Preschoolers use sampling information to infer the preferences of others. In 28th Annual Conference of the Cognitive Science Society.

Langlois, J. H., Roggman, L. A., Casey, R. J., Ritter, J. M., Rieser-Danner, L. A., & Jenkins, V. Y. (1987). Infant preferences for attractive faces: Rudiments of a stereotype?. Developmental psychology, 23(3), 363.

Laplace, P. S. (1829). Essai philosophique sur les probabilités. H. Remy.

Leonard, J. A., Lee, Y., & Schulz, L. E. (2017). Infants make more attempts to achieve a goal when they see adults persist. Science, 357(6357), 1290-1294.

Lipton, J. S., & Spelke, E. S. (2003). Origins of number sense: Large-number discrimination in human infants. Psychological science, 14(5), 396-401.

Liu, S., Ullman, T. D., Tenenbaum, J. B., & Spelke, E. S. (2017). Ten-month-old infants infer the value of goals from the costs of actions. Science, 358(6366), 1038-1041.

Locke, D. P., Hillier, L. W., Warren, W. C., Worley, K. C., Nazareth, L. V., Muzny, D. M., ... & Mitreva, M. (2011). Comparative and demographic analysis of orang-utan genomes. Nature, 469(7331), 529.

Lucas, C. G., Bridgers, S., Griffiths, T. L., & Gopnik, A. (2014). When children are better (or at least more open-minded) learners than adults: Developmental differences in learning the forms of causal relationships. Cognition, 131(2), 284-299.

Lucas, C. G., Griffiths, T. L., Xu, F., Fawcett, C., Gopnik, A., Kushnir, T., ... & Hu, J. (2014). The child as econometrician: A rational model of preference understanding in children. PloS one, 9(3), e92160.

Luo, Y., & Baillargeon, R. (2005). Can a self-propelled box have a goal? Psychological reasoning in 5-month-old infants. Psychological Science, 16(8), 601-608.

Luo, Y., Kaufman, L., & Baillargeon, R. (2009). Young infants' reasoning about physical events involving inert and self-propelled objects. Cognitive psychology, 58(4), 441-486.

Mack, A., & Rock, I. (1998). Inattentional blindness (Vol. 33). Cambridge, MA: MIT press.

Martenstein, H. (2009). Der Titel ist die halbe Miete: mehrere Versuche über die Welt von heute. C. Bertelsmann Verlag.

McCarty, M. E., Clifton, R. K., & Collard, R. R. (1999). Problem solving in infancy: the emergence of an action plan. Developmental Psychology, 35(4), 1091–1101.

Meltzoff, A. N. (2013). Navigating the social world: what infants, children, and other species can teach us.

Meltzoff, A. N. (1995). Understanding the intentions of others: re-enactment of intended acts by 18-month-old children. Developmental Psychology, 31(5), 838.

Meltzoff, A. N., Kuhl, P. K., Movellan, J., & Sejnowski, T. J. (2009). Foundations for a new science of learning. science, 325(5938), 284-288.

Memmert, D. (2014). Inattentional blindness to unexpected events in 8–15-year-olds. Cognitive Development, 32, 103-109.

Miller, G. A. (2003). The cognitive revolution: a historical perspective. Trends in cognitive sciences, 7(3), 141-144.

Muentener, P., & Schulz, L. (2014). Toddlers infer unobserved causes for spontaneous events. Frontiers in psychology, 5, 1496.

Nowak, M. A. (2006). Five rules for the evolution of cooperation. Science, 314(5805), 1560-1563.

Onishi, K. H., & Baillargeon, R. (2005). Do 15-month-old infants understand false beliefs?. Science, 308(5719), 255-258.

Paxton, J. M., Ungar, L., & Greene, J. D. (2012). Reflection and reasoning in moral judgment. Cognitive Science, 36(1), 163-177.

Phillips-Silver, J., & Trainor, L. J. (2005). Feeling the beat: movement influences infant rhythm perception. Science, 308(5727), 1430-1430.

Pinker, S. (1994). The language instinct. New York, NY, US: William Morrow & Co.

Preissler, M. A, & Carey, S. (2004). Do both pictures and words function as symbols for 18- and 24-month-old children?. Journal of Cognition and Development, 5(2), 185-212.

Repacholi, B. M., & Gopnik, A. (1997). Early reasoning about desires: evidence from 14- and 18-month-olds. Developmental Psychology, 33(1), 12.

Samet, Jerry, »The Historical Controversies Surrounding Innateness«, The Stanford Encyclopedia of Philosophy (Fall 2008 Edition), Edward N. Zalta (ed.).

Saxe, R., Tenenbaum, J. B., & Carey, S. (2005). Secret agents: Inferences about hidden causes by 10- and 12-month-old infants. Psychological Science, 16(12), 995-1001.

Saxe, R., Tzelnic, T., & Carey, S. (2007). Knowing who dunnit: Infants identify the causal agent in an unseen causal interaction. Developmental Psychology, 43(1), 149.

Scally, A., Dutheil, J. Y., Hillier, L. W., Jordan, G. E., Goodhead, I., Herrero, J., … & McCarthy, S. (2012). Insights into hominid evolution from the gorilla genome sequence. Nature, 483(7388), 169.

Schore, A. N. (2001). Effects of a secure attachment relationship on right brain development, affect regulation, and infant mental health. Infant Mental Health Journal: Official Publication of The World Association for Infant Mental Health, 22(1–2), 7-66.

Schulz, L. (2012). The origins of inquiry: Inductive inference and exploration in early childhood. Trends in cognitive sciences, 16(7), 382-389.

Schulz, L. E., Hooppell, C., & Jenkins, A. C. (2008). Judicious imitation: Children differentially imitate deterministically and probabilistically effective actions. Child development, 79(2), 395-410.

Schulz, L. E., & Sommerville, J. (2006). God does not play dice: Causal determinism and preschoolers' causal inferences. Child development, 77(2), 427-442.

Setoh, P., Wu, D., Baillargeon, R., & Gelman, R. (2013). Young infants have biological expectations about animals. Proceedings of the National Academy of Sciences, 110(40), 15937-15942.

Siegler, R. S., & Booth, J. L. (2004). Development of numerical estimation in young children. Child development, 75(2), 428-444.

Simion, F., Regolin, L., & Bulf, H. (2008). A predisposition for biological motion in the newborn baby. Proceedings of the National Academy of Sciences, 105(2), 809-813.

Simons, D. J., & Chabris, C. F. (1999). Gorillas in our midst: Sustained inattentional blindness for dynamic events. Perception, 28(9), 1059-1074.

Sher, I., Koenig, M., & Rustichini, A. (2014). Children's strategic theory of mind. Proceedings of the National Academy of Sciences, 111(37), 13307-13312.

Slater, A., von der Schulenburg, C., Brown, E., Badenoch, M., Butterworth, G., Parsons, S., & Samuels, C. (1998). Newborn infants prefer attractive faces. Infant Behavior and Development, 21(2), 345-354.

Sobel, D. M. (2006). How fantasy benefits young children's understanding of pretense. Developmental science, 9(1), 63-75.

Sobel, D. M., & Legare, C. H. (2014). Causal learning in children. Wiley Interdisciplinary Reviews: Cognitive Science, 5(4), 413-427.

Sobel, D. M., & Kirkham, N. Z. (2007). Bayes nets and babies: Infants' developing statistical reasoning abilities and their representation of causal knowledge. Developmental science, 10(3), 298-306.

Sobel, D. M., & Kirkham, N. Z. (2007). Interactions between causal and statistical learning. Causal learning: Psychology, philosophy, and computation, 139-153.

Sobel, D. M., & Kirkham, N. Z. (2006). Blickets and babies: the development of causal reasoning in toddlers and infants. Developmental psychology, 42(6), 1103.

Smith, T. M., Tafforeau, P., Reid, D. J., Pouech, J., Lazzari, V., Zermeno, J. P., ... & Makaremi, M. (2010). Dental evidence for ontogenetic differences between modern humans and Neanderthals. Proceedings of the National Academy of Sciences.

Spelke, E. S., Phillips, A., & Woodward, A. L. (1995). Infants' knowledge of object motion and human action. In: D. Sperber, D. Premack, & A. J. Premack (Eds.), Causal cognition: A multidisciplinary debate (pp. 44–78). New York: Oxford University Press

Svetlova, M., Nichols, S. R., & Brownell, C. A. (2010). Toddlers' prosocial behavior: From instrumental to empathic to altruistic helping. Child development, 81(6), 1814-1827.

Taleb, N. N. (2013). Antifragilität: Anleitung für eine Welt, die wir nicht verstehen. Albrecht Knaus Verlag.

Téglás, E., Vul, E., Girotto, V., Gonzalez, M., Tenenbaum, J. B., & Bonatti, L. L. (2011). Pure reasoning in 12-month-old infants as probabilistic inference. science, 332(6033), 1054-1059.

Tomasello, M. 1995: Language is not an instinct. Cognitive Development, 10, 131 – 56

Walker, C. M., Gopnik, A., & Ganea, P. A. (2015). Learning to learn from stories: Children's developing sensitivity to the causal structure of fictional worlds. Child development, 86(1), 310-318.

Watson, J. B. (1913). Psychology as the behaviorist views it. Psychological Review, 20(2), 158.

Watson J. B., & Watson R. R. (1928). Psychological care of the infant and child. New York: Norton.

Wegener, A. (1917): Wegener an Wladimir Köppen, 22.12.1917. In: Wutzke, U. (1998): Alfred Wegener. Kommentiertes Verzeichnis der schriftlichen Dokumente seines Lebens und Wirkens. Berichte zur Polarforschung 288, 1-142. Alfred Wegener Institut, Bremerhaven.

Weigmann, K. (2007). Beeinflusst Sprache unser Denken? Spektrum der Wissenschaft. Letzter Zugriff: 20.07.18 [https://www.spektrum.de/frage/beeinflusst-sprache-unser-denken/867091]

West, M. (1914). Infant care. Care of children. Series No. 2. Bureau Publication No. 8. Washington, DC: U.S. Government Printing Office.

Winkler, I., Háden, G. P., Ladinig, O., Sziller, I., & Honing, H. (2009). Newborn infants detect the beat in music. Proceedings of the National Academy of Sciences, 106(7), 2468-2471.

Wu, Y., Muentener, P., & Schulz, L. E. (2017). One- to four-year-olds connect diverse positive emotional vocalizations to their probable causes. Proceedings of the National Academy of Sciences, 201707715.

Wulf, A. (2015). The invention of nature: Alexander von Humboldt's new world. Knopf.

Wynn, K. (1992). Addition and subtraction by human infants. *Nature, 358*(6389), 749.

Xu, F., & Arriaga, R. I. (2007). Number discrimination in 10-month-old infants. British Journal of developmental psychology, 25(1), 103-108.

Xu, F., Carey, S., & Welch, J. (1999). Infants' ability to use object kind information for object individuation. Cognition, 70(2), 137-166.

Xu, F., & Garcia, V. (2008). Intuitive statistics by 8-month-old infants. Proceedings of the National Academy of Sciences, 105(13), 5012-5015.

Xu, F., & Denison, S. (2009). Statistical inference and sensitivity to sampling in 11-month-old infants. Cognition, 112(1), 97-104.

Xu, F., & Spelke, E. S. (2000). Large number discrimination in 6-month-old infants. Cognition, 74(1), B1-B11.

Xu, F., & Tenenbaum, J. B. (2007a). Sensitivity to sampling in Bayesian word learning. Developmental science, 10(3), 288-297.

Xu, F., & Tenenbaum, J. B. (2007b). Word learning as Bayesian inference. Psychological review, 114(2), 245.